走进中国少数民族特色村寨丛书

丛书编委会

主　　任　张志刚

副 主 任　王海青

委　　员　朱卫东　万晓璐　马　帅　侯　运

执行编委　苍　铭

本册撰文　赵　桅　罗奋飞

英文翻译　赵　桅

THE SI CHENG
VILLAGE

摆手欢歌　卢瑞生／摄

司城村

国家民族事务委员会经济发展司／编

赵桅　罗奋飞／撰文

中央民族大学出版社
China Minzu University Press

老司城全景图 武陵山土家族文化研究中心提供

司城村盘山公路　李永生／摄

目 录
CONTENTS

万马归朝　曾尚华／摄

CONTENTS

老司城舍巴节 袁立新 / 摄

导　言

　　司城村因彭氏土司曾在此建城而得名，司城又称为老司城、福石城，是历史上永顺彭氏政权统治古溪州地区近六百年的治所和古溪州地区政治、经济、军事、文化的中心。它位于湖南省湘西土家族苗族自治州永顺县城东南19.5千米处，包括司城、搏射、联合、上河四个村民小组。村委会提供的数据表明，司城村现有485户1724人，总面积42平方千米，是湘西自治州面积最大的行政村。其中司城村民小组位于永顺老司城遗址核心景区，包括鱼肚街、正街、左街、周家湾、瓦厂五个居民片区。村委会提供的数据表明，司城村民小组现有112户590人，民族成分以土家族为主，还有汉、苗等民族。2014年，永顺司城村被国家民委作为首批中国少数民族特色村寨"予以命名挂牌。2015年，永顺老司城与湖北唐崖、贵州海龙屯一起，被联合国教科文组织列为世界文化遗产。

　　土司时期的司城村分为内罗城和外罗城，有纵横交错的八街十巷，人户稠密，市店兴隆，民间有"城内三千户，城外八百家""五溪之巨镇，万里之边城"的传说。今天的司城村虽不复当年的规模，但老街还在，村寨犹存，悠悠石板路，郁郁青翠竹，灵溪河依旧潺潺。永顺老司城遗址管理处将司城村的自然与人文景观概述为"天下永顺·土司王城"。这里有最纯真的自然生态景观和最朴素的民俗风情文化。永顺司城村不仅是土司王城，也是土家族的世界文化遗产。

表一：司城行政村构成

具体名称	人口（人）
鱼肚街、正街、左街、周家湾、瓦厂（司城村民小组）	590
罗子湾、彭家湾、龙潭城、张家偏坡（搏射坪村民小组）	459
向家窝坑、老屋场、龙沙湖、泽巴郎（联合村民小组）	400
罗塔坪、新鸡湾、响塘、谢圃（上河村民小组）	275
合计	1724

Preface

    As a historical Tusi site of local government, Sicheng Village is also called Laosicheng or Fushi City（Peng Fushi was the founder of this village）.It was the political, economic and cultural centre of Xizhou district in history. It is located 19.5 kms away in southeast of Yongshun county, Xiangxi Tujia and Miao Autonomous Prefecture, Hunan province. It includes four small village groups which are Sicheng, Boshe, Lianhe, and Shanghe. The documents from village committee indicate that there are 485 households, 1714 persons and the total area of this village is 42 square kilometers. It's the largest administrative village in Xiangxi Tujia and Miao Autonomous Prefecture. Meanwhile, Sicheng Village group is situated in the centre of the core scenic spot including five resident areas: Yudujie, Zhengjie, Zuojie, Yujiabao and Wachang. The data from the village committee tells that there are 112 households and 590 persons, most of whom belong to Tujia ethnic minority, and the rest belong to Miao ethnic minority and Han ethnic minority. Sicheng Village enrolled in the list of China's characteristic ethnic minority villages by State Ethnic Affairs Commission in 2014. What's more, it enrolled in the list of world cultural heritage by UNESCO in 2015 with Tangya Site in Xianfeng and Hailongtun Fortress in Zunyi.

    In the reign of Tusi period, Sicheng Village was devided into two parts: inner Luocheng and external Luocheng. According to popular legend, there were 3000 households in inner Luocheng, 800 households in external Luocheng, 8 crisscrossed streets and numerous people and plenty of shops. Therefore, Sicheng Village was the most important city in Xizhou district in history. Although Sicheng Village is not as big and significant as before, the village is still there with so many old streets and plantations. Yongshun Tusi Site Management Office describes Sicheng Village as "Yongshun in world, wonderful Tusi city", where you can find the pure ecological landscape and enjoy the Tujia customs. Sicheng Village is not only a Tusi site of government, but also the world heritage of Tujia ethnic minority.

春到司城　李永生／摄

司城村的石板路 赵志鹏 / 摄

一、走进司城村

  司城村旧为土司世居之所，因此地势险要，重峦叠嶂，西北方向有万福山、高立山、摩天岭等，东南有羊峰山、高峰山、大青山等。山川的复杂使得这一地区地势险要，交通不便，过去仅有羊肠小道穿行其间。夏季水量大的时候可以乘船沿着灵溪河，下到龙潭城、芙蓉镇等地。村民说，20世纪80年代司城村村民外出还主要靠走山路，没有通公路也就无法选择其他交通工具，需要人肩背手提货物，富裕人家可以靠马拉货。走路外出，山道弯弯曲曲，短短的19千米也常常是清早出门，夜晚方归。

  现在进入永顺司城村，一般先到张家界。张家界距离永顺县城约84千米，有公共汽车连通，票价35元，车程大概一个半小时，每半个小时发一班车。进入永顺县城后，到达司城村，有两条道路可以选择：一是永老路（永顺到老司城公路），另一条是禁老路（大老公路禁果庄到老司城公路）。后一条道路是2017年新建的，缩短了进入司城村的时间，半小时即可到达。若自驾游从张家界进入

司河泛舟　永顺摄影家协会

其乐融融的村民　卢瑞生／摄

轿顶风光　李永生／摄

THE SI CHENG VILLAGE ｜ 司城村

司城村，可不进入永顺县城，直接走S306省道，在吊井乡换S230，进入司城村。或走一段张花高速，在抚志下高速，上S247省道，经县城进入司城村，车程大约40分钟。未来规划中，花垣县将建造一个机场，计划修建羊峰至老司城二级公路33千米，用以连接张花高速羊峰出口。改建大湾至老司城三级公路12千米，新建老司城遗址公园隧道6.5千米。张吉怀高铁也将于2021年开通，在芙蓉镇有站，从芙蓉镇上高速到司城村，车程40分钟便可到达。这些交通线路的修建，将彻底打破影响司城村发展的交通瓶颈，进入司城村的道路将更加方便快捷。

若不走张家界，还可以从凤凰县这一方向前来。游览完凤凰古城之后，驾车经杭瑞高速、龙吉高速，再到老司城。全程177千米，驾车时长两个半小时。若乘坐公共交通工具，凤凰县城2018年9月之前还没有直达永顺县城的汽车，若去老司城需要经吉首市转车，均有高速公路，比较方便。其中凤凰到吉首有客车往来，全程高速，一小时即到。吉首到永顺有高速公路（吉恩高速），车程一个半小时。

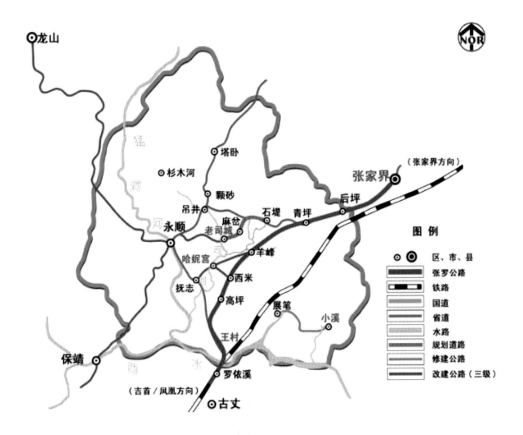

清明祭祖　永顺摄影家协会

古街 苍铭 / 摄

二、司城村村寨历史

　　司城村位于永顺县灵溪镇东南部，距县城19.5千米，有司城、搏射、联合、上河四个村民小组，共485户1724人。其中遗址核心区的司城村民小组包括鱼肚街（喻家堡）、正街、左街、周家湾、瓦厂，共有112户590人。村民以土家族为主，还有汉、苗等民族。居民沿河流两岸平缓处居住，中心城址周边灵溪河东岸有周家湾、左街、正街，共有60余户300多人。其中原居住在遗址区内的14户村民，已搬迁至村内周家湾西坡上的安置区内。灵溪河西岸有鱼肚街、瓦厂，共50多户200多人。相传，司城村兴建于南宋绍兴五年（1135），为彭氏第十一世首领彭福石宠所建，是永顺彭氏政权统治古溪州地区的治所，因此曾被称为福石城。此后一直延续到清雍正二年（1724），直到彭氏第三十四世首领彭肇槐将治所迁于灵溪河上游的颗砂。随着清王朝在西南地区大面积推行"改土归流"（废除土司地区的土司，由中央王朝任命其他地区的官员来管理），雍正六年（1728），彭肇槐率子彭景燧主动献土，迁回江西原籍。从此，司城村逐渐冷落萧条。

　　考古发现的遗存、遗迹证明了司城村的久远历史，其遗址、遗存沿着灵溪河两岸分布，遗存的年代涵盖了唐天授元年（690）开始至五代梁、唐、晋、汉、周及宋、元、明、清诸朝，明代彭氏土司势力鼎盛时期的遗存最多。可以说，彭氏土司政权修建的老司城是司城村的肇始，后土司迁府于颗砂，又经历改土归流，一些移民涌入，最终奠定了今日司城村的形制。今天司城村村民保藏的各家族谱也说明了这一点，比如《彭氏族谱》中说他们自明以来就定居于此，《向氏族谱》说他们清末自江西而来。调研访谈中，老人们都说自己一直住在这里，已经好几辈人了，追述村寨历史的时候都说这个村子南宋就有了，是永顺土司的领地。如今村落中最古老的建筑乃是明代所修，村民住房最老的是清末建筑，距今已有百年历史。目前司城村共有周、郑、王、陈、朱、张、魏、喻、彭、黄、向等十几姓人。其中以向姓为大宗，人口最多；其次是喻姓，村内各大姓氏之间彼此通婚。

万马归朝　曾尚华 / 摄

司城春早　永顺老司城遗址管理处提供

三、村寨选址

　　司城村沿着灵溪河两岸依山而建，"其山谷一线，石径九折，边隅险要之区，斯当称最"。由此可见，彭氏土司最初选择这里作为土司王城，正是看中其易守难攻，其主要的目的在于军事上的防御。司城村背靠福石山，城前的灵溪河自西北向东南环城流过，四面环山，呈现出"青山环碧水，司城嵌其中"的空间特征。群山环绕，背山傍水，巧妙地利用陡峭的山体与湍急的河流，以山为城，以水为池，借助天然的坚固屏障形成了易守难攻的防御体系格局。从衙署区高处眺望老司城前后左右的山岭，山相偎、岭相叠，气势恢宏，犹如万马奔腾之势，民间称之为"万马归朝"，隐含着周边部族都向彭氏土司臣服归顺的良好期许。

　　司城村村寨选址除着重军事防御以外，还兼顾了风水学说。司城村背枕福石山、禄德山、寿德山——历代风水学称其为"福""禄""寿"三星山。三星山如凤凰展翅，头向东方，司城建在凤凰之尾。灵溪河是上天赐给土司的护城河，自西北向东南将司城村紧紧护围，形如青龙绕殿。左边的玉女山峰，常年云雾缭绕，好像天上玉女头饰金花，时隐时现。右边的羊角山峰，石柱峥嵘，如春天竹笋，直插天庭。正前面的银山枯六峰拱抱，山顶古木参天，形如秀瓶拱坐。再前面的搏射坪后山纱帽山，远远望去如同案台笔架。司城四围的群峰向着司城朝拜，形似万马归朝，有一统乾坤之势。按照古代"金、木、水、火、土"的"五行"要素，司城村"五行"齐全，构成了上有丹凤朝阳，下有青龙绕殿，左有插帽金花，右有玉笋参天，蕴含着古代王者文治武功、风水宝地之意。历史上彭氏先祖在此，大兴土木，修建城池，实现了一统溪州的千年霸业。

周家湾　赵志鹏／摄

司城人家　永顺摄影家协会

司城童趣　李永生／摄

四、村寨布局

　　司城村村寨布局根据地势变化形成簇状，散落在山体间，高低错落有致。建筑都依据传统形式修建，流水、绿树、溪渡、山坡、古道小巷，构成了一幅和谐的画卷。从整体上看，村寨以灵溪河为轴线，散布在河两岸山地。河的西岸是喻家堡与瓦厂，东岸是原来的老司城遗址和周家湾与左街、正街、河街等，公共设施如祖师殿、文昌祠、摆手堂、风雨桥、土王祠等也在河的东岸，这一片是土家族非物质文化遗产的主要展演区。其中周家湾前面有一片空地，即摆手堂前面，是节日仪式活动和土司长桌宴等的举办场地。司城村民居多顺应地势而建，楼层以一层居多，也有不少两层建筑，喻家堡还有几户三层的建筑，但都为土家族传统形式的木质建筑。

　　司城村村寨内部至今仍保留着古时道路，其路名沿用至今。乾隆五十八年(1793)的《永顺县志》记载："旧司城街名七处，今去郡城三十里，土司时旧有街坊之名：新街、左街、河街、鱼肚街、马蝗口、五屯街、东门街。"其中完整保留下来的有正街、左街、河街、鱼肚街。其中正街位于老司城遗址衙署区的正前方，现仍为村民出入村落的主要街道。类似于"北京的长安街"，整个街道成红褐色，街宽6米、长500米，有中轴线，轴线用较粗的鹅卵石堆砌。中轴线两边的街道路面采用较小的红褐色鹅卵石竖砌成谷穗纹、太阳纹等多种图案。正街原是土司时代最繁华的一条大街，有郑、魏、向等姓居住，后因老司城遗址考古挖掘，这14户人家就搬迁到了周家湾。政府根据原住户房屋大小予以一定数额的补偿，同时对按期拆除按规定新建的给予一定的奖励资金，且对住户统一规划，按照土家族吊脚楼和转角屋的标准进行修建。周家湾有居民26户，总人口121人，均为土家族，大姓有周、王、陈、朱、秦、魏、彭、向、付。今天，前往周家湾，必过左街。左街位于衙署区左侧，与正街南端相连，呈东北—西南走向，依据自然山势，坡度较大，街面上有众多的石阶，多用大块条石垒砌而成，东端接紫金街。现在左街附近共有24户村民居住，126人，有陈、秦、彭、向、

老司城航拍图　永顺老司城遗址管理处提供

小桥码头　苍铭 / 摄

肖五姓。河街位于正街下方的河岸，与正街平行，全长725米。考古发掘之后，发现这部分卵石路面保存较好，用料及做法与正街相同。河街与右街相接处，有卵石台阶上至右街。右街是河街进入生活区大西门的主道，起自河边，由西向东而上，直达大西门台阶下的卵石平台上，并在道路中部与正街相连接。完整处的路面全长79米。

以上是位于灵溪河东岸的村庄和道路。灵溪河西岸主要是鱼肚街（又写作"渔渡街"），与老司城隔河相望，街道南至

沐浴司河　永顺摄影家协会

狮子口，北至八部湾，全长400米。鱼肚街为土司时期的集贸市场，主要经营鱼虾、虎皮、麝脐、犀角、丹砂、竹鸡、锦鸡、土锦、溪布、水银、蜂蜜、黄蜡、桐油等土特产商品。鱼肚街原古地名为"桐油枯"，为桐油集散之地，后秦氏随彭士愁征吴着冲而立功，赐灵溪河下游为秦氏捕鱼河段，并发证实行渔业专卖。当时秦姓始居椰溪河古树坪，由于此地距老司城较远，不利于渔货保鲜，故土司特许秦氏入住河对岸的"桐油枯"，并在麒麟山下河岸修建渔渡码头，对岸为南门码头，由此始得"渔渡街"之名。改土归流后，永顺府将祖师殿至两河口的青山划归秦姓管理，允许秦姓子弟在此开发荒地，秦姓遂由鱼肚街迁至洞落。1976年洞落失火，全寨房屋尽焚，秦姓至此散居老司城、桐油枯、半坡街、周家湾、马蝗口、瓦厂等地。1960年，永顺县麻岔乡统计地名人口，因桐油枯居民喻姓人口较多，老司城大队秘书兼会计向盛福将"桐油枯"更名为"喻家堡"。全村现有民居24栋，人口119人，均为土家族，姓氏为郑、秦、喻、向四姓，喻姓为原住居民，秦姓从洞落迁至而来。

吊脚楼　赵志鹏／摄

五、土家吊脚楼和转角屋

　　司城村的民居为适应自然环境，多依山近水顺势而建，形成了历史悠久的干栏式建筑风格，构成了自身独特的居住文化体系。土家族干栏建筑的历史非常悠久，唐代的元稹曾描述"巴人多在山坡架木为居，自号阁栏"。清乾隆年间的《永顺府志》载："土官衙署绮柱雕梁，砖瓦鳞砌。百姓则叉木架屋，编竹为墙。舍把、头目许竖梁柱，周以板壁。"历史上，吊脚楼和转角屋是土司阶层的专利，房屋建筑成为土司时期身份与阶级的一个表征。目前，司城村的民居建筑全为木质，以"转角屋"和"吊脚楼"最具代表性，是当地世居居民在长期历史发展过程中适应环境的自然选择结晶。

　　转角屋顾名思义，即房屋不是一字形，而是曲尺形，在一字形的正屋上加一间直角拐角屋。吊脚楼则是将拐角屋建为两层，一楼位于土坎或河坎下，二楼与主屋一般高，并相连，悬空立于土坎、河坎之上，三面走廊突出，以数根短柱与屋檐挑手相挂，悬空伸出。从远处遥望，屋顶飞檐宽过二楼走廊，走廊又宽过一楼立柱，故而得名"吊脚楼"。吊脚楼最常见的是单吊，即仅仅在主屋一侧有楼，它被形象地称为"钥匙头"。较少见的是双吊，即主屋两端对称地建楼，它被形象地称为"撮箕口"。最罕见的是在两楼之间再加上门楼，形成主屋高院落低的格局，它被形象地称为"四合水"，大户人家还会依山势发展成"二进一抱厅""三进两天井"等格局。转角屋须与正屋搭配成趣，互为映衬。常见的正屋有三柱两棋、三柱四棋、四柱六棋、五柱八棋，其中三柱二棋的简单廉价，多为经济条件相对较差的人家修建；四柱六棋和五柱八棋的繁杂浩大，多为经济条件相对较好的人家修建。堂屋两边的房子也分上下两层：楼上堆放五谷杂粮。楼下被隔成前后两间，靠前窗的叫火堂屋，是烤火、待客、熏腊肉的地方；靠后窗的叫退房，是铺床摆柜的地方。住房子有讲究，靠右边的叫上屋，是几兄弟间老大居住之所，老二、老三的住处依次左推。

土家族上梁　永顺摄影家协会

吊脚楼 永顺摄影家协会

抬梁　永顺摄影家协会

　　传说，吊脚楼源于春秋战国，兴盛于唐宋，彭氏政权统治湘西后，吊脚楼开始全面兴建。清初，中央王朝对土家民居规模实行限制，一般土民只能住千根柱头落地的房子，即茅草屋。清雍正八年（1730），永顺知府袁承龙革除积弊，解除梁柱、盖瓦之禁，吊脚楼才又开始广泛流布。

　　司城村房屋建筑采用吊脚楼和转角屋，是依山就势的产物，建造此种形制的房屋目的在于不多占平地。吊脚楼建筑的最大特点是因山就势，随地造型。土家族居住地山多平地少，稍大的平地都作为耕地种粮了，房屋只能修在山坡上。为了防止过多开挖陡坡造成水土流失，也为了减少建屋工时，"转角屋""吊脚楼"这种适应坡地，不多占平地的建筑式样就产生了。在修建房屋时，巧妙地利用山地陡坡，在屋址宽度有限的情况下，利用陡坡之地将屋前部分架空，屋后部分则坐实于陡坡后坎上，形成了南方少数民族干栏式建筑中独具特色的吊脚楼形式，最大限度地利用了土地，保证可耕之地用于农业生产。

　　司城村境内的土家族人多依山傍水定居，并且习惯一家人住

吊脚楼 赵志鹏／摄

一栋房子。土家族房屋，一般是坐北向南，或坐南朝北，不愿东西向，一般朝向原则是要房屋正对着一座山头。村民多以三柱四棋为正屋，右配厢房，左配吊脚木楼。正屋中堂叫堂屋，安有神龛，是祭祀祖先和办理婚丧大事的场所，要保持清洁肃穆。除一张大桌子外，不堆放其他家具及杂物。堂屋左右两间叫人间，人间又以中柱为界，前面一间叫火床，火床中置火坑，火坑用四尺长、五寸厚的大石板围成四方，火坑中架三脚架，作为煮饭、炒菜、热水之用。火坑边是一家人吃饭、取暖、休息之所，有客人来也坐矮凳围在火坑边。在火坑上面吊有一个倒木架，叫坑架，用来烘烤腊肉和其他物件。人间的后一间则为主人的卧室，外人不得擅入。不论大屋小屋，都铺有楼板。楼板分为板楼和条楼两种；板楼用于住宿的寝屋上面，条楼是专用于火床之上，用木条或竹条铺成，以便通烟和烘干苞谷及其他瓜果。厢房用作灶房或安置碓磨用，吊脚木楼上面作为客房或用作闺女卧房，楼下则作为牛栏、猪圈之所。房屋后面隙地，用作菜园，房屋前有坪场，铺以石板，作晒谷及堆放桐茶果之用。房屋周围若有余地，即栽种竹子、果树和其他常绿树木。吊脚楼走廊即是晾衣晒被之处，也是土家姑娘闲时聚会之处。姑娘们在走廊上打花刺绣，时不时一曲山歌又飞出楼外，明代土家族诗人田圭有《竹枝词》一首赞曰："家家临水做吊楼，半是村街半是浮。十八小娥楼内绣，婷梭坐看上滩舟。"

转角屋和吊脚楼的建材全部取自本地，楠木、樟木等由于比较珍贵，历史上都是土司修建宫殿或进贡朝廷之用，一般土民根本消费不起，多转而采用枞木、柏木、枫木。因这类树木直立挺拔，少有分权，木质软硬适度，易于加工。板材多用杉木，质轻、防潮、耐腐，用于房屋板壁、天楼板、地板等处。村内家境较好的人家，还用桐油将整栋房屋刷一遍，既美观大方，又防潮、防腐、防蛀。但吊脚楼的修建工艺比较复杂，尤其是飞檐的外伸反转上扬和走廊闲空外挂，对木匠技术要求很高，因而土家族山歌唱道："山歌好唱难起头，木匠难盖吊脚楼。岩匠难雕石狮子，铁匠难打钓鱼钩。"吊脚楼的建造技艺工序很多，主要有备料、加工、排扇、上梁几步。备料一般用椿木、柏木或者紫木等做柱和梁，用杉木和松木等做棋和枋；然后将选好的木料加工成梁、柱、棋、枋、金瓜、绣球等。再将加工好的柱、棋编成排扇，然后择黄道吉日立屋竖扇，再择吉日举行上梁仪式。目前，"土家族吊脚楼营造技艺"已被列入国家级非物质文化遗产名录。

摆手堂前跳摆手舞 永顺摄影家协会

六、土家摆手堂

司城村摆手堂位于周家湾，是一栋土家族阁楼形式的两层木屋建筑，摆手堂是土家族用于祭祀祖先和跳摆手舞的"廊场"（地方）。摆手堂内供奉着田好汉、向老官人和土王三尊神像。每到春节过后，土家群众不分男女老幼，身穿节日盛装，聚集于摆手堂前，在梯玛或掌坛师的引导下，男女相携，翩跹进退，跳起缠绵的摆手舞，唱起欢快的摆手歌，并表演各种艺术节目。

土家摆手堂的历史悠久。乾隆《永顺府志》卷10载："各寨有摆手堂 …… 每岁正月初三至十七日止，夜间鸣锣敲鼓，男女聚集，跳舞长歌曰摆手。"光绪《古丈坪厅志》卷10《民族》载："土俗，各寨有摆手堂。每岁正月初三至初五六之夜，鸣锣击鼓，男女聚集，摇摆发喊，名曰摆手，盖被除不祥也。"除了跳摆手之外，摆手堂还是土家人祭祖的场所。光绪《龙山县志》卷11《风俗》记载："土民祭故土司神。旧有堂曰摆手堂，供土司某神位，陈牲醴。至期，即夕，群男女并入。酬毕，披五花被锦，帕首，击鼓鸣钲，跳舞歌唱，竟数夕乃止。其期或正月，或三月，或五月不等。歌时男女相携，蹁跹进退，故谓之摆手。相传某土司于前明时调征广西，某县城守坚，屡攻不下。时某军营城南门外，乃令其土卒扮女妆，连臂喧唱，为靡靡之音。于是守城者竟集观之，并动于歌，流荡无坚志。某则以精兵潜逼他们，跃而入，遂克城。归后演为舞节，盖亦蹈咏武功之意。然桑濮风行，或至滔泆忘返。近土民读书讲礼教，多惭为是者，其俗竟衰息。"由此可知，摆手堂对于土家人非常重要，是祭祖和过土家年以及摆手活动的主要场所，有娱神娱人的多重含义，他们在集体歌舞的欢腾中完成了土家人民族性的建构与塑造。

司城村的摆手堂于"文化大革命"时期被销毁，现在的摆手堂乃是2014年所新建。自2016年7月以来，为增强游客对土家文化的体验感，司城村摆手堂在每天10点和14点都有免费土家歌舞表演，摆手舞、毛古斯舞、竹竿舞等传统舞蹈均有所呈

土家族毛古斯舞 永顺摄影家协会

现。其中，土家族摆手舞和土家族毛古斯舞，以及土家年都已被列入国家级非物质文化遗产名录。

土家族摆手舞是最具土家族民族特色、最能反映土家族古老风俗的民间舞蹈。司城村的摆手舞很有代表性，清朝彭施铎的《竹枝词》曾有过精彩描述："福石城中锦作窝，土王宫畔水生波。红灯万盏人千叠，一片缠绵摆手歌。"可见当年老司城摆手舞的盛况。摆手舞舞姿大方粗犷，有单摆、双摆、回旋摆、边摆边跳等动作，具体舞蹈动作多从民间生活中生发，有撒谷种、望太阳、撬石头、穿花、披甲、牛打架、老鹰抓鸡等，摆手舞的动作特点是顺拐、屈膝、颤动、下沉。舞蹈分为大摆手和小摆手，大摆手多出现在祭祀土家族众始祖的仪式活动中，规模浩大，舞者逾千，观者过万；小摆手主要出现在祭祀祖先的仪式活动中，规模较小。其音乐包括声乐伴唱和器乐伴奏两部分，声乐主要有起腔歌和摆手歌，乐器主要是鼓和锣，往往根据舞蹈的内容及动作而一曲多变。摆手舞中有带有浓重原始宗教色彩的"祭祀舞"，有反映古代渔猎生活的"狩猎舞"，有表现春耕夏耘的"农事舞"，有反映民族风情的"民俗舞"，有体现古代战争题材的"军前舞"，还有专供土司取乐的"宴会舞"，等等。

毛古斯舞，土家语称"谷斯拔帕舞""帕帕格次""拔步卡"，产生于土家族祭祀仪式中，是土家族一种古老的舞蹈形式。每逢正月，司城村村民结稻草为服，表演土家先民渔猎农耕等故事，用以祭祀祖先创业功德，祈求保佑人畜兴旺、五谷丰登。毛古斯舞是一种有人物、对白、简单的故事情节和一定的表演程式的原始戏剧舞蹈，它以近似戏曲的写意、虚拟、假定等艺术手法再现土家先民渔、猎、农耕等生产活动，既有舞蹈的特征，又有戏剧的表演性，两者杂糅交织，浑然一体。表演大多与跳摆手舞穿插进行，有时在一定场合单独表演。毛古斯舞最突出的特色在于服饰的风格，表演者身穿草衣树皮，古朴大方，极具原始风情。表演对话时要求变腔

土家族摆手舞　永顺摄影家协会

土家族板凳龙舞 卢瑞生／摄

变调，使观者辨认不出表演者的真实身份。

司城村民在比较今天和过去的摆手舞有何不同时表示，展现给游客看的摆手舞，与之前自己跳的摆手舞有一定差别，舞蹈性和交互性更强。首先，时间不同。过去摆手舞一般在农历正月初三至正月十五夜间表演，现在时间更为灵活，曾有一段时间，每天晚上大家都聚在村小学广场跳摆手舞锻炼身体。其次，舞蹈音乐方面有差别。村民说以前自己跳的摆手舞没有音乐，只是敲锣打鼓，乐器粗糙，音律简单，现在有了舞蹈的曲子，加了音乐。最后，舞蹈动作有差别。村民们说以前有十几种舞蹈，动作粗犷豪迈，跟农事活动密切相关，艺术性相对较差；现在摆手堂的摆手舞经过艺术加工，动作柔软细腻，新增了很多曲子，比如《摆摆摆》。此外，毛古斯舞也有了一些变化，村民说之前的毛古斯舞多在正月祭祖时跳，比较神圣，是一种祭祀舞蹈；现在变成娱乐性舞蹈，只要有游客就表演，观赏性更强，神圣性淡化。

土家族蜡染　卢瑞生／摄

七、土家织锦

　　土家织锦，就是土家姑娘用一种古老的木腰机，以棉纱为经，以五彩丝线或棉线（当今也有用毛线的）为纬，完全用手工织成的手工艺术品，俗称"打花"。土家织锦多作铺盖用，土家语称为"西兰卡普"，意为打花铺盖。土家族织锦的历史悠久，秦汉时期称为"兰干细布"，被描述为"织成纹如绫锦"，唐宋时期称为"溪峒布"，明清时期称为"峒布""土锦""斑布"等，民间称为土布或者"西兰卡普"。关于土家织锦"西兰卡普"，民间流传有不少故事。一种说法是，"西兰卡普"是人名，"西兰"是一个姑娘，为学织百果花而屈死。另一种说法认为"西兰卡普是两个人，"西兰朗"是阿哥，"卡普"是姑娘，这一对青年因对美的共同追求，为学织百果花走到一起，后来却双双冤死。然而殊途同归，不论哪一种说法，都表达了土家人民对美的追求，对历史上为创造完善"西兰卡普"这一民族瑰宝的先辈们的无限敬仰和怀念。

　　土家织锦历史久远，技艺高超。乾隆《永顺府志》记载："土锦或经纬皆丝，或丝经棉纬，用一手织纬、一手挑花，遂成五色。"嘉庆《龙山县志》云："土妇善织锦，裙被之属，或经纬皆丝，或丝经棉纬，挑刺花纹，斑斓五色。"永顺司城村是土家织锦的主要流布地，清朝诗人彭勇为有精彩描述："老司城畔柳丝斜，闺女抛梭扇子花，花样织成皆并蒂，不知执赠与谁家。"彭勇行的《竹枝词》也称赞："溪州女儿最聪明，锦被丝挑脚手灵；四十八钩不算巧，八团芍药花盈盈。"土家织锦的用途主要有三种：第一是用作被面；第二是用作婴儿的包单（用于辟邪、驱白虎）；第三是跳摆手舞时，舞者用以披在身上的道具（寓意古代战士出征的铠甲）。"土家族织锦技艺"已被列入国家级非物质文化遗产名录。

　　西兰卡普是土家织锦中最具代表性和典型性的。在土家语里，"西兰"是铺盖的意思，"卡普"是花的意思，"西兰卡普"即土家人的花铺盖。人们往往在"花铺盖"

土家族织锦　雷秋萍／摄

前冠以"土"字，以标示出这项民间工艺所包含的土家族民族特点。按照土家族习惯，过去土家姑娘出嫁时，都要在织布的机台上制作美丽的西兰卡普，即土花铺盖。西兰卡普使用古老的纯木质腰式斜织机织造，其技艺流程主要由纺捻线、染色、倒线、牵线、装筘、滚线、捡综、翻篙、捡花、捆杆上机、织布、挑织12道工序组成，另以"反织法"挑织成图案花纹。西兰卡普的特点是构图大方，织工精巧，花样丰富，色彩鲜明，热烈而古朴。西兰卡普的图案题材广泛，内容涉及土家人生活的方方面面，基本定型的传统图案已有200多种，有花鸟鱼虫、山川景物和吉祥的文字，还能织出民间故事、寓言等画面，与土家人生活和习俗有着密不可分的联系，是土家人与自然关系的生动写照。土家织锦属于熟色线织物，也就是织成后不需要染色、印花，织出来就能够直接使用，所以民间自己生产的棉线和蚕丝线在织造前都需要经过炼制染色。土家族民间传统织物染色的染料都是使用当地出产的矿物和植物，其中靛蓝是应用最广泛的一种天然植物染料。民国《永顺县志》记载："靛，草本，种山田隙地，为染布帛之用，近染店多购快靛而种者减少。"由此可推测，土家织锦早期大量出现"五色"，是因为武陵山区天然植物的存在，使染色原料的提取便捷易得。民国《永顺县志·食货志》中记载："永顺斑布一名土锦……遂成五色。"织锦艺人认为五色即赤、黑、黄、青、白五种颜色。因受到就地取材的染色技术的限制，"赤"并非大红色，而是玫红色。在现在的武陵山区，可以用鸡冠花和野刺梅花染出玫瑰红色，用黄栀子染黄色。

　　司城村设有土家织锦文化传承培训基地，曾组织一部分妇女专门学习西兰卡普的纺织技艺，也曾派遣有资质的感兴趣的妇女前往龙山等地拜师学习西兰卡普的织法，恢复传承这项民间技艺。目前村里20岁至40岁的妇女都会纺织西兰卡普，还会挑花，其中一人还为该项技艺的文化传承人。她们会在游客到来的时候表演西兰卡普的纺织技艺，增强游客的体验感。司城村中还设有一个西兰卡普的文化展示室，里面陈列有织机、西兰卡普纹样、纺织工艺流程图等，方便游客了解土家织锦这项民族工艺技术。

西兰卡普的纹样　永顺摄影家协会

穿民族服装的游客　苍铭／摄

八、土家口头文学

　　司城村土家族口头文学主要有民歌与民间传说两种。民歌流传至今的有传统古歌、挖土锣鼓歌、仪式歌、哭嫁歌、情歌、民间传说等类型，现搜集有3500多首。传统古歌全用土家族语言演唱，至今仍流传的有《打猎歌》《梯玛神歌》《摆手歌》等，以《摆手歌》最为有名，被誉为民间文学之瑰宝。挖土锣鼓歌是土家人民协作劳动时随锣鼓伴唱的一种长歌，以一唱一答的形式演唱历史故事、民间传说等。仪式歌是土家族举行婚丧喜庆等仪式时唱的歌，形式有单唱、联唱、对唱等，现在农村普遍流行唱《孝歌》《上梁歌》《拦门歌》等。土家族哭嫁歌，很早以前就广泛流行于老司城，作为一种典型婚礼习俗中形成的文化景观，是在女性出嫁时宣泄心中感情的一种演唱方式，由待嫁新娘及其亲友们演唱，表达对于父母亲人等的不舍。

　　哭嫁是土家族独具特色的婚俗活动之一，哭嫁歌作为这种婚俗的核心内容，贯穿于整个活动始终，不仅反映了土家族青年男女的恋爱婚姻现象，还全面反映了土家族政治、经济和人文状况。老司城作为古溪州的文化、经济、政治中心，哭嫁活动相当盛行，一直沿袭至今。土家族哭嫁歌历史悠久。清乾隆《永顺府志》卷4《风土志·风俗》记载："歌丧哭嫁，崇巫尚鬼……"清代彭秋潭的《竹枝词》中也有相关记载，"十姊妹歌歌太悲，别娘顿足泪沾衣"，具体描述了土家族哭嫁的场景。土家族哭嫁歌内容丰富，篇幅浩繁，主要包括《哭开声》《哭爹娘》《骂媒人》《哭开脸》《哭上轿》等。从语言应用上，早期哭嫁歌用土家语哭唱，语言直白、句式自由、长短不一、不求韵律，后来受汉文化的影响，土家语哭嫁歌逐渐被汉语哭嫁歌取代，句式工整，多为七言，语言如诗；从艺术风格上，语言朴素，形象生动，意境清新，声韵和谐；在表现手法上，采用了比兴、比拟、夸张、联想、排比、谐音、双关等修辞手法；从对中国文学的影响上看，它对古代竹枝词、对中国古代文人诗歌都产生了一定的影响。所以，湘西土家族哭嫁歌是一部极具土家风味的优秀抒情长诗，

竹竿舞　永顺摄影家协会

是一部土家民族亲情伦理、道德行为的百科全书，是千百年来土家族妇女集体智慧创作的结晶，是极具民族特色的土家族文学样式。在整个土家族文学史中，哭嫁歌价值颇高，对研究土家族历史、语言、歌谣、爱情、社会演变、婚俗发展、宗教信仰、妇女艺术形象、土汉文化交流等有着十分重要的价值，对发展中国民间文学也起到了重要的作用。

　　土家梯玛歌是梯玛用土家语演唱的一种吟唱式古歌，该项目在2008年被列为第二批国家级非物质文化遗产名录。"还土王愿"是土家梯玛主持的家祭法事，是梯玛歌的核心内容，土家语称作"服司妥"，俗称"做土菩萨"。法事共三十四堂，那洋洋洒洒数万言，那些象征无边法力的奇怪手势与神秘如梦的种种咒语，在土家人的口中、心中世代相传，竟与西方《荷马史诗》的流传惊人相似，这一曲土家人之绝唱，他乡难得一回闻。"服司妥"（"做土菩萨"）的仪式中，梯玛请酬的神祇为三位土王，唱词中没有明确指出他们的姓名。因地域不同，土王的名称在唱词里也不大一致。总的来说，梯玛"还土王愿"中请酬的土王，是"彭公爵主彭士愁、大喇司土王彭胜祖和向老官人涅壳赖"三位土王。"梯玛"在土家人的心目中，是沟通人神的神秘使者。他既能向神表达人的祈求，又能向人转达神的旨意，是人神沟通的使者。但是由于土家族有语言无文字，无论梯玛代人求神还是代神传言，都只能用语言表达而不能用文字记述。因此《梯玛歌》一直以土家语为媒介，在世代土家人中口耳相传。这样，掌握这门知识和技能的梯玛，在土家族中占有显赫的社会地位。在古代，梯玛可以参与部落重大问题的决策，用他们所通晓的占卜术为部落预测吉凶祸福，并用他们独特的巫医巫术为部落人祈福禳灾、驱病避邪，从而受到人们的尊重。梯玛有权调解民间纠纷，有权干预民间婚丧大事，男婚女嫁必须得到梯玛许可。清雍正年间实行"改土归流"政策后，梯玛的权力虽然日渐削弱，但在土家人的日常生活中，仍有一席之地。

土家摆手歌有行堂歌与坐堂歌两种。行堂歌是依据摆手舞内容编唱的歌，跳什么唱什么，一个人领唱，众人吆喝。坐堂歌则是歌手们坐下来唱的，有单唱、对唱、轮唱等。歌手是摆手活动的主持人"梯玛"、掌坛以及其他善歌者。摆手歌有即兴而歌的内容，但更多的是由"梯玛"领唱、世代传承，内容浩繁，唱词是固定的古歌。

司城村的民间传说主要有故事、神话、寓言等，形式活泼多样，现搜集有300多个，题材范围很广，主要包括土司王的故事、土家族历史变迁、英雄人物、山川景物、爱情生活、民族节日等，是土家族人民最喜闻乐见的一种口头文学。司城村村民向盛福是湘西民间故事州级非物质文化遗产传承人，他将搜集故事汇编整理成《老司城民间故事集》《老司城民间故事集锦》，均已出版发行。

土王祠　欧阳芳胜／摄

祖师殿的金丝楠木　永顺摄影家协会

九、祖师殿与彭氏宗祠

　　祖师殿与彭氏宗祠是司城村两处重要景点，祖师殿是道教场所，彭氏宗祠是土王祠，儒、释、道与祖先信仰并行不悖。

　　祖师殿，位于老司城东南约1.5千米，灵溪河东岸，太平山南麓，相传始建于后晋天福二年（937），重建于明代，之后多有修缮。沿中轴线自西向东依次有祖师殿、皇经台、过厅、玉皇阁，此组建筑占地580平方米。正殿保存最好，面阔五间，通宽17.5米，进深13米，举架高20米，重檐歇山顶，穿斗抬梁式结构，空心青砖花脊。该殿为重檐歇山顶木结构建筑，以34根楠木大柱支撑屋顶，柱础为双叠圆石础，穿斗抬梁式混合构架，其间采用了古之"减柱法"以扩大室内空间。上覆小青瓦，飞檐翘角，脊饰有宝顶、兽吻。三跳斗拱雅致古朴，梁架结构与做法既吸纳汉民族官式风格，又不失地方民族特色，堪称少数民族地区与汉文化融合的典型代表。祖师殿内有一口铁钟，为明嘉靖十年（1531）宣慰使彭宗舜与前任宣慰使彭世麒、彭明辅共同铸造。祖师殿殿中金柱前，砌有神龛一座，上供"祖师"神像。"祖师"意指佛教或道教中创立宗派的人物，现殿内供奉祖师张天师神像。殿宇斗拱雄伟古朴，梁架结构颇为特殊，是土家族地区颇具民族特色的建筑。祖师殿亦是湘西的一处道教圣地，为土司时期重要祭祀和宗教场所，土司时期的重大节庆和外出征战都要来此殿择定良日，并隆重祭祀以保平安。

　　彭氏宗祠是永顺彭氏家族的祠堂，又被称为土王祠。民国《永顺县志》记载"彭氏宗祠于万历十九年（1591）彭元锦修建"，原主体建筑名"绳武堂"。而据《永顺司宗图》载："顺治四年（1647）七月，张献忠部将马进忠、王进才犯境，焚毁衙署，顺治九年（1652），土司彭弘澍重建。"民国八年（1919）彭氏请谱祭祖，将彭氏宗祠从世忠堂迁于现址。彭氏宗祠，位于老司城核心遗址衙署区东部凤头山坡地的第五级台地之上，坐东南朝西北，南、西、北三面临河，东方一面背靠

码头夜景　赵志鹏／摄

"福""禄""寿"三山。宗祠台基分为两进：第一进为悬山顶穿斗式木架结构，三柱四棋（瓜柱），面阔三间，明间为大门过厅，三合土地面，次间装地楼板，沿天井有走廊，为民国时期重修建筑；第二进为硬山穿斗抬梁式砖木结构，面阔三间，通长13.6米，进深9.7米，均为三合土地面。中华人民共和国成立初期于此曾设八区政府，对该建筑约有改建和添建。

彭氏宗祠由第二十四代土司彭元锦建造，是彭氏土司的宗祠圣地。祠内藏有历代土司制定的三纲五常法谱；有历代土司留给后代的行为、修身规范。祠堂后殿有永顺土官为土司彭泓海歌功颂德而建的德政碑。彭氏土司将"德政碑"放于宗祠，碑头篆书"甘棠遗爱"四字（注：甘棠，即棠梨；遗，留下；爱，恩惠，恩泽。旧时借以颂扬离去的地方官）。两侧有对联："一片石铭恩德厚，千秋歌颂山河新。"碑文记述了永顺土司所辖58旗、380峒军民怀念彭泓海之德政，昭示宣慰彭泓海的德政功绩，为土司德政思想重要载体。祠堂门口有一块石鼓，上面雕刻有卷云纹和狮子图案，壮美大气，重达2.5吨，传说石鼓是土家族英雄哈力嘎巴从50多千米远的五官坪用双手提到老司城的。

指路牌　苍铭／摄

指路牌 苍铭／摄

遗址区小道　赵志鹏／摄

十、节庆活动

　　节庆是民众对历史、文化、情感的集体宣泄形式。湘西土家族节日众多，大致可分为农事节日、祭祀节日、纪念节日、庆贺节日、社交游乐节日等。"满山满寨都是歌，宾客如流欢乐多"，通过节庆活动，人们享受欢乐、学会感恩、铭记历史。

　　土家年是土家族最隆重的节日，中华人民共和国成立以后，湘西土家族苗族自治州人民政府为了落实党的民族政策，保护土家族这一民间习俗，决定将土家年列为地方法定节日，休假一天。土家年的特点之一是吃团年饭的时间先于汉族一天。光绪年间的《龙山县志》记载："土人度岁，月大以二十九日为岁，月小则二十八日。"光绪年间的湖北《长乐县志》亦载："吃团年饭，而容美土司则在除夕前一日。"第二天汉人度岁时，土家人却给亲人上坟。特点之二是历史悠久。土家年传说起源于五代，又有传说说起源于明代，以第二种说法为多。相传彭翼南从老司城出发，去江浙抗倭，因为接近年关，时间紧，提前一天过年，第二天就要出征。此后沿袭成为惯例，早汉族地区一天过年。特点之三是分布地域广。在云贵高原余脉的湘、鄂、渝、黔武陵山地区800多万土家人中，均过土家年，这成为土家族民族认同的重要标志。特点之四是持续时间长。过年从腊月初就开始忙活，直到正月十五"吃了爬坡肉，各自找门路"，过年才算完成。特点之五是活动内容丰富。办年货，做年饭，走亲拜年，做舍巴，内容多样，活动频繁。

　　舍巴日（摆手节，或做摆手）多在正月举行，一般是正月初三至十五，节日期间土家人会表演摆手舞或做摆手。正月举行的叫正月堂，还有二月堂、三月堂、五月堂、六月堂，以及在七月立秋日和八月秋社日举行的。这种以所举办时间命名的舍巴日名称不一，但节日内容相同，以摆手舞为活动中心。活动有大、小之分。小摆手一般以同姓同宗或全寨人为单位举行；大摆手是以一乡或数乡为单位联合举行。活动内容有闯驾进堂、扫邪安神、祭祀祖先、唱梯玛歌、跳摆手舞、演毛古斯等，可以说，

土家年　永顺摄影家协会

舍巴日是土家族文化的大盛会。

跳马节在春节后第一个"马日"举办，主要活动：梯玛跳神酬神祭祀，狮子、龙灯贺马，抬老爷，操旗，调年，出马，跳马，烧马，审老爷，烧老爷，等等。

三月三在农历三月初三日举行，主要活动有做蒿叶粑粑，喝苞谷烧，唱祝酒歌，跳摆手舞，唱摆手歌。

四月八是土家族祭祀牛王的节日。关于节日来历，有三种传说：一说为纪念先民迁徙；二说为祭毛娘神嫁毛虫；三说为牛王纪念日。司城村广泛流传着第三种传说。传说牛王原是天上的神灵，后被玉帝罚下凡，帮人拉犁耙地，罚他吃青草。四月八日是牛王下凡的日子。牛王下凡后，老老实实帮人做事。任劳任怨，从不叫苦叫累，拉的是千斤犁，吃的是一把草，人们吃的谷子、杂粮，都是牛王帮人种出的。为了表达对牛王的感激心情，将四月八日定为牛王生日。这一天要将牛栏打扫干净，让水牛、黄牛全部休息，还给牛吃嫩草、煮米饭、喂鸡蛋。在给牛送吃精饲料时，主人还轻轻地用土家语唱《祝牛王词》。

司城村的桥　苍铭／摄

左街民居 苍铭 摄

穿民族服装的姑娘　苍铭／摄

五月初五举行端午龙舟赛。传说这一天，土司会安排一名总管专门操办端午节和龙舟赛。彭士愁执政期间，每逢五月初五，前十天发函邀请湘、鄂、川、黔边区的土司，请其派代表来老司城做客。

六月初六这一天，村寨宰杀牲口，还特意把亲朋接来，大家一道过节。关于"六月六"的来历，有几种说法。一说六月六是土家族祖先严氏到达猛洞河两岸开始创立基业的日子；二说为嬷妈节，所有已婚的土家姑娘在这一天回娘家过伏天休息；三说是土家英雄覃垕王带领永顺等"十八洞蛮"反抗强权欺压的蒙难之日。第三种说法在司城村流传广泛。每年农历六月六，土家地区家家户户晒棉衣、晾棉袍，象征为覃垕王"晒龙袍"，并且屠牛，备办酒肉和豆腐，至土王祠祭祀。

七月半是永顺县境内土家族较大的节日，县内流传有"家家有个七月半"的说法。民间流传"七月半阎王放开了鬼门关，让所有鬼魂回家看儿孙"之说，土家族人认为这一天是祖先回家团圆的日子。司城村过七月半，一般是七月十四日，这天晚上要在天黑之前敬奉祖先，时间不能过晚，因为传说他们在当天晚上，还要赶到云南，参加云南大会。

八月十五过中秋节，司城村有一个特殊习俗——"偷瓜送子"。年轻小伙于八月十五夜里在地里偷来冬瓜，挖空里面，灌满水放在未育有子女的夫妇被窝。待未育夫妇不小心弄洒冬瓜里的水后，躲在门外的小伙子便学婴儿啼哭，同行的人合唱恭贺词，以示祝福未育夫妇早生贵子。

表二：司城村部分节日一览表

名 称	时 间	特 色
土家年	农历腊月，月大二十九日开始，月小二十八日开始，直到正月十五日	相较于中原汉族地区，提前一天过年；用甑蒸团年饭，吃"合菜"等；紧闭大门，吃团年饭；"守岁"；"抢年"；跳摆手舞；元宵节"赛灯火"
舍巴日（摆手节）	春、夏、秋均有	正月举行的叫正月堂，多在正月初三至十五举行；还有二月堂、三月堂、五月堂、六月堂以及在七月立秋日和八月秋社日举行。大摆手常以一乡或数乡为单位联合举行，祭祀"八部大神"；小摆手以同姓同宗或寨为单位举行，祭祀土王
跳马节	春节后第一个"马日"	梯玛酬神祭祀；狮子、龙灯贺马；抬老爷；操旗；调年；出马；跳马；烧马；审老爷；烧老爷；等等
三月三	农历三月初三	做蒿叶粑粑，喝苞谷烧，唱祝酒歌，唱摆手歌，跳摆手舞
四月八	农历四月初八	三种传说：一说是为纪念先民迁徙；二说是为祭毛娘神嫁毛虫；三说是神牛大王的纪念日（流传较广）。老人讲述《神牛盗谷》的故事；打扫牛圈，让牛休息，用梳子从头至尾梳刮牛身，喂牛吃嫩草、鸡蛋、米饭等；主人唱"祝牛词"
六月六	农历六月初六	三种说法：一说是土家先民严氏家族迁徙日；二说是嬷妈节；三说是土家领袖覃垕殉难日（流传较广）。家家户户晒棉衣、晾棉袍，象征为覃垕王"晒龙袍"；屠牛，备办酒肉和豆腐，至土王祠祭祀土王
七月半	农历七月十四日	烧纸钱祭奠过世家人
八月十五	农历八月十五日	特殊习俗"偷瓜送子"：年轻小伙在八月十五日的夜晚潜入地里偷来冬瓜，将冬瓜挖空，灌满水放入未育夫妇被窝。待未育夫妇不小心弄洒冬瓜里的水后，躲在门外的小伙便学婴儿啼哭，同行的人合唱恭贺词，以示祝福未育夫妇早得贵子

明代土司铁钟　永顺摄影家协会

十一、老司城博物馆

　　老司城博物馆建于2015年，位于司城村搏射坪范围内，为地埋式建筑，依山而建，外墙用鹅卵石镶嵌，设计独特新奇，将土家文化、土司文化与现代建筑和工艺融为一体，并与周边环境协调统一。2016年5月1日，老司城景区对外试运营，老司城博物馆也在此时开门迎客。目前参观司城村的旅游线路安排上，老司城博物馆是第一站，因为它地处村口，便于游客在进入遗址区之前对老司城历史和土家族文化有所了解。老司城博物馆采用多媒体技术，文字解说与实物展览相结合，重要历史场景影像视频还原，3D技术呈现，是展示土司制度、土司文化、土家文化的重要平台，存有全国重点文物溪州铜柱、土司印章等珍贵文物。

（一）博物馆展览主题

　　老司城博物馆的展览以老司城土司遗址为中心，展现永顺土司历史与土家文化。展览以考古发掘成果为主，系统解读老司城遗址本体及其与周边遗迹的关系，展示老司城的地理环境、基础设施与功能布局，通过与国内外其他同类著名遗址进行对比分析，进一步突出老司城遗址的特殊性、完整性与真实性价值。在此基础上，以永顺彭氏土司家族的发展历程为脉络，以老司城遗址周边各类遗迹、遗物为支撑，结合文献资料，勾勒出中国土司制度形成、鼎盛、终结的历史演变进程，以及土司与中央政府之间的关系，并高度提炼土司制度的特点与核心价值。继而从永顺扩展到周边彭氏土

老司城博物馆　永顺老司城遗址管理处提供

司长达数百年的统治地区留下的具有鲜明原生态的地域特色的文化遗产，也是土司文化价值存在、延续与传承最直接的实证，择其典型代表进行展示，间接印证土司文化的重大影响与价值，彰显出土司制度秉承了古代中国延续两千余年的"齐政修教、因俗而治"的多民族治理传统理念，有效地保障了该历史时期中央政府与边疆少数民族间的利益平衡和共同发展。最后，对老司城遗址的保护与管理工作成果进行简单展示，彰显中国政府对文化遗产保护的力度与成就。

（二）博物馆具体展示内容

整个博物馆的展示内容分为四个部分。第一个部分的展示内容是解读老司城。展览以考古发掘成果为主，系统解读老司城遗址本体及其与周边遗迹的关系，展示老司城的地理环境、基础设施与功能布局，通过与国内外其他同类著名遗址进行对比分析，进一步突出老司城遗址的特殊性、完整性与真实性价值。具体布展上：首先，通过地形地貌及存在的动植物标本等，展示老司城的地理环境及周边遗址情况，反映老司城选址建城的独特性；其次，通过考古发掘的遗迹现象图片，展示城市的基础设施与军事防御设施，反映老司城作为山城的建城理念及独有的军事防御能力；最后，通过考古发掘与现存遗存图片，展示城市的布局与功能分区，反映老司城山地建城布局与功能的特殊性，从而揭示老司城存在的独特魅力与核心价值。

第二个部分的展示内容是永顺土司寻踪。以永顺彭氏土司家族的发展历程为脉络，以老司城遗址周边各类遗迹、遗物为支撑，结合文献资料，勾勒出中国土司制度形成、鼎盛、终结的历史演变进程，以及土司与中央政府之间的关系，并高度提炼土司制度的特点与核心价值。一方面，展现土司制度的渊源与发展历史。土司制度

博物馆前迎宾　永顺摄影家协会提供

从"羁縻政策"演化发展而来。所谓"羁縻政策"，即在少数民族地区设立特殊的行政单位，保持或基本保持少数民族原有的社会组织形式和管理机构，由少数民族首领世袭统治当地，实行间接治理，统治相对松散。元代以后，一直到明清，中央王朝实行"土司制度"，这是一套较为严格的针对民族地区的封建政治制度。有一系列明确规定，有专门的土司职官名称，土司职权世袭，接受中央王朝的册封，政治上臣服于中央，并承担相应的责任与任务，如朝贡、赋税、征调、保靖、轮戍等，需要接受以儒家文化为代表的汉文化教育等。土司借助中央政权的身份认定来提高统治权威，加强族群凝聚力、稳定管理、扩大势力范围。土司"世有其地，世管其民，世统其兵，世袭其职，世治其所，世入其流，世受其封"。元、明、清时期，中央王朝在西南地区总共委任过1700余家土司和土官，永顺宣慰司彭氏即为其中之一。目前中国境内保存下来的土司遗产文物保护单位约100家，涉及不同年代、职级、类型。另一方面，展示了永顺地方历史演变。永顺地区在新石器时代已有人类居住，他们靠简单的石斧、石凿等石器获取生活资源，以采集、狩猎、捕捞经济为主；生活在永顺地区的商周先民，经济生活以渔猎为主，以山地农业为辅。先秦时期，永顺地区的文化环境十分复杂，除了本地的土著文化濮文化外，三苗、楚、巴、越、秦、西南等文化都不断移入，使该地区呈现出多样性、包容性的文化特征。永顺曾出土巴式剑、虎纽錞于等，说明至战国时期巴文化已成为当地一个重要的文化因素。两汉时期，永顺地方经济得到了持续发展，文化交流进一步加强，人们的生活水平在不断提高，生活方式与周边地区基本大同小异，所出兵器、生活用器、丧葬用具等器物也具有极大的一致性，这说明了西汉统一的深度与广度。永顺所处的武陵山区地理位置与文化传统，也使它呈现出多种文化交融的特点。这一展厅，还展示了国家重点保护文物 —— 溪州铜柱。溪州之战彭士愁兵败后，被迫与楚王马希范议和结盟，双方立铜柱于会溪坪（今古丈县罗依溪镇茶叶村）作为界标。铜柱高4米，重2500公斤，刻有2000多字，记载了溪州之战经过和双方盟约条款。盟约规定各自所辖地域，互不进犯。南楚对溪州属地免征赋税，不抽兵差，不强买土特产等，南楚军民不得随意进入溪州；溪州各部酋长如有罪过，只能由彭士愁惩处，南楚不能出兵干涉；确认彭士愁为溪州刺史。自此，彭氏政权与历代中央政府以溪州铜柱盟约作为处理彼此关系的基石：双方以"信"为束，以"和"为要，因俗而治，各统其域，互不干涉，互不侵犯，保持良好的君臣关系。

第三个部分的展示内容是土司治后的文化传衍。彭氏土司所管辖的永顺及其周边区域，均为偏僻的山区，车辆、舟楫不便，加上长期实施土司制度，"自治"性较强。中原外来文化没有通过政治

溪州铜柱　永顺老司城遗址管理处提供

或军事手段强行影响当地的民风民俗，且外来人口较少，本地居民以土家族先民为主体，流动不大，因而形成了相对封闭的状态，保持了其原生态山地民族文化。在衣食住行、风俗节庆、宗教信仰等多方面自成体系，而与中国中原地区乃至国际其他社会存在较大差异。永顺及其周边区域为世界文化多样性的又一体现，是见证人类文明进步与文化多样性的重要活化石之一。重点就吊脚楼和转角屋、土家织锦、精美服饰等进行了展示说明，让游客了解到，相对封闭的自然环境，以及一定历史时期内土司政权的巩固及其统治制度的延续，造就了土司治下当地居民的和谐共存。同时，让游客了解到，土家人精于因地制宜、就地取材，从而形成了自给自足的独特生活方式。吊脚楼和转角屋、服饰、交通、饮食等既反映了当地民族生活的基本面貌，也是一道具有原生态的区域文化艺术风景线。

第四个部分的展示内容是文化遗产保护历程。是对老司城土司遗址的保护与管理工作成果进行简单展示，粗步勾勒了司城村在申遗前后所做工作。整个展览衔接流畅，展示方式多样，突出了一座古城，彰显了土家文化，将永顺彭氏的发展演变与司城的兴衰以及土家文化的悠久淋漓尽致地展现出来，是了解永顺司城村的一个窗口。

左街 苍铭/摄

十二、老司城土司遗址

　　老司城土司遗址是永顺土司统治古溪州地区的治所所在，在了解老司城土司遗址之前需要对土司制度和永顺彭氏土司有一个了解。

（一）土司制度

　　土司制度是元、明、清三代在广大西南少数民族地区（西北也有），主要是湖北、湖南、四川、云南、贵州、广西等省份普遍推行的封建政治制度。中央王朝通过委任西南各少数民族首领为官，给予他们职官和封号，让他们代表朝廷世袭统辖其土地和人民；而这些各少数民族世袭贵族所获得的爵位、职务、官阶和官品，又赋予他们世袭统治当地的合法性。土司的执政一律遵循朝廷法治管辖的规范，承袭、奖惩、升迁和停职，乃至罢免等，一切均依法办理。因此，他们所统辖的土地，从他们接受委任之日起，就成了中央王朝领土不可分割的有机组成部分；他们所统辖的人民，均为朝廷子民，与内地民众一样受到朝廷的一体保护。朝廷借助这样的职官体制维护了民族地区的社会安定，确保了国家的统一和完整。通过朝廷的教化，推动了边疆与内地的共同繁荣。由于土司制度规定各民族首领在当地任职，并尊重习惯法处理当地政务，因而土司与通过科举、推荐、恩荫选拔出来的官员，在任职上有一定的区别：后者有严格的任职期限，任期届满就得调任他地，而且不能在出生地任职；然而土司的职务可以世袭连任，且在其出生地任职，其特点正在于任职中不具有流动性。"土司"并非歧视性的命名，而是就其任职特点具有鲜明的本土性而提出的符合实情的称谓。

　　在漫长的历史岁月中，中央王朝在西南地区总共委任过1700余家土司。永顺宣慰司彭氏就是其中之一，而且是元、明、清三朝备受朝廷重视，多次获得嘉奖和提

老司城土司遗址　李永生／摄

城墙　李永生 / 摄

拔的著名土司家族。老司城土司遗址即为该土司家族在任职期间内的衙署遗址，因而它是中国土司制度的一个最具代表性的缩影和客观的历史见证。

（二）彭氏土司历史沿革

永顺彭氏在溪州的统治最早要追溯到唐末五代时期。唐末战争期间，彭瑊、彭瑊、彭玕兄弟"聚徒众得数千人，自为领袖"，因镇压当地农民起义有功，升为州吏。后彭瑊投马殷，授辰州刺史。后梁开平三年（909），彭玕率部及家族"数千人

奔楚"，投马殷，授郴州刺史。其间，彭瑊联合地方部落首领以武力驱逐吴着冲、惹巴冲等土著首领，统一溪州，彭氏势力遂进入溪州地区。后梁开平四年（910），彭瑊战死，其子彭士愁袭溪州刺史职。

五代，后晋天福四年（939）溪州刺史彭士愁"引奖、锦州蛮万余人，寇辰、澧州，焚掠镇戍"，楚王马希范遣刘勍、廖匡齐征讨，溪州大战爆发。天福五年（940），彭士愁"遣其子师暠率诸酋长，纳溪、锦、奖三州印请降于楚"，"师暠为父输诚，束身纳款"。马希范以刘勍任锦州刺史，彭士愁任溪州刺史，迁治所于平地，双方立铜柱，结盟约，溪州大战结束。溪州大战确立了彭氏在溪州地区的统治地位

石牌坊 苍铭／摄

及其在诸部落中的威望，为彭氏势力发展奠定了坚实基础。

两宋在溪州地区推行羁縻制和誓下州制，采取"以本土之法治本土"之法加以治理。宋初彭氏势力发展至鼎盛，"世有溪州，州有三，曰上、中、下溪州，又有龙赐、天赐、忠顺、保静、感化、永顺州六，懿、安、远、新、给、富、来、宁、南、顺、高州十一，总二十州"，"以下溪州刺史兼都誓主，十九州兼隶焉"。北宋中期以后，彭氏内部相继发生彭儒猛与彭仕汉，仕羲与师宝、师彩、师晏相互攻杀的内乱事件，实力大损，至彭师晏时彭氏已处于"孱弱"状态。此时，大宋王朝经王安石变法后国力强盛，加强了对"南江蛮、北江蛮"地区的经略。在此过程中，南江蛮地区大部分归附，彭氏势力遭受严重钳制，势力范围向溪州核心地区收缩。南宋绍兴五年（1135），彭福石宠迁治老司城。

元代，元世祖至元十六年（1279），彭思万归顺元，受赐武德将军号及印章。延祐七年（1320）彭胜祖自改"永顺安抚司"。至正十一年（1351），彭万潜又自升为宣抚司，并设南渭州，改保静州为保靖安抚司，隶于永顺司。至此，土司制度在溪州大地正式建立。

排水系统·李永生/摄

老司城土司遗址生活区　李永生／摄

明代，洪武二年（1369）置永顺等处军民安抚司。洪武五年（1372），升为永顺等处军民宣慰使司，"领州三，曰南渭，曰施溶，曰上谿；长官司六，曰腊惹洞，曰麦著黄洞，曰驴迟洞，曰施溶溪，曰白崖洞，曰田家洞"，彭添保任宣慰使。明中后期，江浙一带倭寇蜂起，永顺土司奉命抗倭。嘉靖三十四年（1555），彭明辅、彭翼南率土兵5000人赴江浙抗倭，建"东南战功第一"。

清代，顺治四年（1647）彭泓澍率领"三知州、六长官司、五十八旗、三百八十峒苗及图册归附"，清廷赐颁字号永顺等处军民宣慰使司。雍正六年（1728），末代永顺宣慰使彭景燧在其父彭肇槐的带领下改土归流，举族回迁祖籍江西吉安，置产安居。

至此，彭氏进入溪州地区，经五代梁、唐、晋、汉、周，两宋、元、明、清诸代，历羁縻制度、土司制度两大制度更替，凡八百余年，共二十八世。这段历史伴随土司制度的结束退去昔日光辉，沉入茫茫武陵山；这段民族文明发展历史记忆尘封于青山绿水间的老司城土司遗址中。

老司城景区游客服务点
TOURISM SERVICES 停车 800 ~

永顺县老司城遗址管理处

老司城

老司城遗址管理处 赵志鹏 / 摄

表三：永顺彭氏土司历史大事记

朝代	年份	事件	说明
五代	后梁开平四年（910）	楚王马殷救彭瑊归楚，"彭瑊（瑊），仕唐为辰州刺史，拜金紫光禄大夫"。授职后，"以恩结人心"，并联合地方势力逐土酋吴着冲及惹巴冲，据其地，为诸部落所拥戴。同年，瑊因征吴敖骈遇难，其子彭士愁袭溪州刺史职	永顺彭氏政权的开始
	后晋天福四年（939）	将军马希范袭父业，据有湖南，称楚王。彭士愁率领诸部落寇辰、澧，马希范令将军刘勍击之，彭士愁败走，遣次子师暠降楚，以溪、锦、奖等地归马氏	溪州之战
	后晋天福五年（940）	楚王马希范立铜柱为界，天策府学士李宏皋铭之，即今会溪坪之铜柱是也	溪州铜柱的由来
宋朝	乾德元年（963）	《宋史》知溪州彭允林等归顺，诏以允林为溪州刺史。允林卒，诏以允殊为溪州刺史，分其地曰上、中、下溪州三，又有龙赐、天赐、忠顺、保静（元改为保靖）、感化、永顺州六；懿、安、远、新、给、来、富、宁、南、顺、高州十一，总二十州，皆置刺史，而以下溪州刺史兼都誓主，十九州兼隶焉，谓之誓下州	
	太平兴国七年（982）	诏辰州不得移部内马氏所铸铜柱。溪州刺史彭允林言，刺史一般三年则易州为官。望朝廷禁止，赐敕书安抚之	
	景德二年（1005）	辰溪部落攻下溪州，刺史彭儒猛击走之，擒首以献	
	天禧元年（1017）	溪州部落扰辰州，都巡检使李守元率兵入白雾团擒部落十五人，斩首百级，降其酋二百余人。知辰州钱绛等入下溪州，破砦栅，斩蛮六十余人，降老幼千余。刺史彭儒猛亡入山林。执其子仕汉等赴阙，诏高溪部落捕儒猛来献者，厚加赏典。其年，儒猛因顺州部落田彦晏上状本路，自诉求归，转运使以闻，上哀怜之，特许释儒猛罪。儒猛乃奏上所略民口器甲。诏辰州通判刘中象召至明滩与歃血要盟	

续表

朝代	年份	事件	说明
宋朝	熙宁三年（1070）	师晏（仕羲子）纳誓表于朝，仍归诺溪地，乃命师晏袭州事	
	熙宁五年（1072）	复以马皮、白峒地来献，诏进为下溪州刺史。章惇经制南、北江，湖北提点刑狱李平招纳师晏，师晏遂降，诏修筑下溪州城，并置砦于茶滩南岸，赐新城名曰会溪，新砦名黔安，戍以兵，隶辰州	
	绍兴四年（1134）	辰州言归明保靖、南渭、永顺三州，彭儒武等欲奉表入贡，诏以道路未通。俾荆湖北帅司慰谕免赴阙，遣人持表及方物赴行在，优赐以答之	
	绍兴五年（1135）	彭福石宠继任溪州刺史因感誓下州受辰州约束，将治所迁于灵溪之福石郡，即今老司城。	老司城成为彭氏政权的治所
元朝	至元十六年（1279）	溪州刺史彭思万归顺元朝，授武德将军。	永顺作为司名的开始
	至正十一年（1351）	万潜自改为永顺安抚司，旋又自升为宣抚司，并置南渭州知州，改保靖州为保靖安抚司，隶永顺司，以原来知州彭世雄为保靖安抚司	
明朝	洪武五年（1372）	永顺宣慰使顺德汪伦、堂崖安抚使月直遣人上所授伪夏印，诏赐文绮袭衣，遂置永顺等处军民宣慰司，隶湖广都指挥使司，"领州三，曰南渭、曰施溶、曰上溪；长官司六，曰腊惹洞、曰麦著黄峒，曰驴迟洞、曰施溶溪、曰白崖洞、曰田家洞"	
	洪武九年（1376）	永顺宣慰彭添保遣其弟义保等贡马及方物，自是每三年一贡	贡赋
	永乐十六年（1418）	宣慰彭源之子仲贡，率土官、部长六百七十人贡马	
	正统十四年（1449）	永顺土司随湖广参将张善镇压五开（黎平）苗及广西壮人反抗	听从中央王朝调遣，维护国家统一
	景泰六年（1455）	永顺宣慰使彭世雄及保靖土司奉调随征南和伯方瑛征讨五开、铜鼓（贵州锦平）苗族反抗	听从中央王朝调遣，维护国家统一

续表

朝代	年份	事件	说明
明朝	嘉靖四年（1525）	广西田州土官岑猛谋举事，巡抚姚镆调永顺、保靖兵讨之，擒岑猛	听从中央王朝调遣，维护国家统一
	嘉靖三十三年（1554）	调永顺土兵协剿倭贼于苏松	听从中央王朝调遣，维护国家主权
	嘉靖三十四年（1555）	永顺宣慰宣慰彭明翼南统兵三千，致仕彭明辅助统兵两千会俱于松江。时保靖兵败贼于石塘湾，永顺兵击贼奔王江泾，大溃。帝降敕奖劢，各赐银币，翼南赐三品服。先是永顺兵剿新场倭寇，故不出。保靖兵为所诱，遂先入，永顺土兵田蓇、田丰等亦争入，为贼所围，皆死之。议者皆议经略失宜，致永顺兵再战再北。及王江泾之战，保靖兵犄之，永顺角之，斩获一千九百余级。倭为夺气，盖东南第一战功云	"子孙永享"牌坊的由来
	嘉靖四十二年（1563）	以献大木功再论赏，加明辅都指挥使，赐蟒衣。其子掌宣慰司事，右参政彭翼南为右布政使	贡赋
清朝	康熙十年（1671）	吴三桂叛踞辰龙关，授永顺宣慰使彭廷椿伪印，廷椿缴之。奉旨赏其子泓海总兵衔，率领土兵协剿，有功，授宣慰司印	听从中央王朝调遣，维护国家统一
	康熙十三年（1674）	叛楚盘踞荆襄湖，彭廷椿首倡化，申赍宣慰、经理伪扎二张、伪引二颗，并献雷公嘴铁厂。诏赐发给宣慰使号纸一道，给其子彭泓海总兵官扎付一道，密谕进剿辰龙关，彭泓海土兵三千扼贼上游，由王村出高望界，直抵辰州。上闻，钦颁康字号永顺等处军民宣慰使司印信一颗。后因朝廷建太和殿采大木，恩加十级	听从中央王朝调遣，维护国家统一
	康熙五十二年（1713）	永顺土司所辖三州六峒五十八旗三百八十峒军民蚁集司城，怀前致仕宣慰彭泓海德政，铭碑记之（今碑存老司城土王祠内）	德政碑的由来
	雍正五年（1727）	彭肇槐献图输诚，愿意纳土内附	顺应发展，主动献土
	雍正六年（1728）	诏赐肇槐参将之职，赏银一万两，赐以世袭拖沙拉哈番，其家属安插原籍江西吉水县。遂分其地为二，一为永顺县，一为龙山县	改土归流

（三）老司城土司遗址

老司城土司遗址是永顺彭氏土司司治所在，是彭氏政权数百年经济、政治、文化、军事中心，是目前国内规模最大、保存最完整、历史最悠久的古代土司城市遗址，遗址总面积25平方千米，核心区面积25平方米。遗址区划布局合理，共有宫殿区、衙署区、街道区、墓葬区、宗教区、宛墅区八等大功能分区。乾隆《永顺府志》载："土司衙署、宗堂悉在，城内铺店颇多。"由此可知当年繁盛景象。在城址范围及灵溪河流域现遗留大量古迹，其中，北山脊自东而西方向有吴着祠、宫殿区与衙署区，南山脊同样的方向有紫金山墓群、雅草坪墓地、"子孙永享"牌坊、若云书院、城隍庙、关帝庙和文昌阁等遗迹与遗存，居民区分布于两个山脊之间的街巷两旁。城内街巷与排水系统纵横于各个功能区。

衙署区和首领生活区：衙署区和首领生活区是老司城遗址的核心建筑区，位于城区北端，均以石质城墙围绕，城墙厚1～1.6米，残高不等，最高达5.5米。首领生活区平面略呈椭圆形，周长436米，总面积14000平方米。设四道城门，西两道，为正门，南北各一道，为侧门。正门又称大西门，设有门楼，前设平台，由正门出，直通正街、小西门、河街。衙署区北依首领生活区，平面呈长方形，面积7000平方米。依地势由西而东分为七级，以主道为轴线，直通第五级台阶（今土王祠），每级台阶主道两侧均为庭院，侧道贯通其间。改土归流后，相对闭塞的自然地理环境使古城免遭政治纷争、社会动乱及现代化建设浪潮的冲击和破坏，遗迹较完整地保存至今。

文昌阁：文昌阁位于老司城遗址凤头山坡地的第二级台地之上的衙署区南部200米处。原位于周家湾将军山顶关帝庙前，20世纪70年代，为便于保护搬迁到衙署区。文昌阁为重檐歇山顶木架结构，二、三层设回廊，整个建筑占地201平方米，面阔三间，通

老司城遗址题名石　曹聪子 / 摄

长11.6米，进深12.1米，通高11.3米。文昌阁是土司时期少数民族权贵学习知识的重要场所，也是汉文化与土司文化融合的重要历史见证物。

"子孙永享"牌坊：又叫"翼南牌坊"，民国《永顺县志》载："该牌坊是明万历十三年宣慰使彭永年建。"该牌坊位于司城村周家湾组紫金山前的平地上，坐西朝东，是连接若云书院主道的唯一石构建筑，高4米，宽7米。原三门四柱，青砂石质，现存中门，两侧门石柱础尚存。正门额枋上阴刻"子孙永享"，题款为"湖广永顺等处军民宣慰使司署理印务前任宣慰使钦升云南右布政彭冀南正嫡彭氏"，"万历拾二年拾二月吉旦立"。

凉洞：凉洞位于衙署中部北侧，又称热洞，原有东、西相对两座，现仅存东边一座。洞内平面为长方形，分前、后两室。前室深6米，宽3.8米；后室深3.8米，宽4.6米。后室南墙有通风孔；前室门道两侧墙上各有门枢孔，推测应为原来安置木门所用。内壁用青砖砌成券顶，厚0.5米，外壁为卵石墙体，厚实坚固，墙体内外均抹灰。凉洞（热洞），顾名思义，为冬暖夏凉之处，但其实际功能有待考古工作进一步发现，加以揭示。

南门码头：南门码头即史料上所称的灵溪古渡，《永顺县志·津渡》载"乾隆九年（1744），旧司城渡夫一名"，可知该码头配有专职渡夫。它位于城址中部的灵溪河东岸，是出入老司城水上交通的重要码头之一。其北上可通吊井、颗砂，南下可抵龙潭、王村，之外还供往来行人引渡。

圣英殿：圣英殿又称关帝庙。《永顺县志》载："圣英殿在司治雅草坪前，其山名回此，亦祀关帝，元锦建。关帝及昭烈帝张恒侯像俱系铜铸，雍正中迎其像供于东门外庙后。"又载："明万历宣慰彭元锦奉命征滇蛮，关圣显威来助，十八战皆捷，凯施建关帝宫。"现遗址已被考古清理，台基尚存。圣英殿前为文昌阁旧址。其地面建筑已搬至衙署区。

老司城土司遗址上的土家织锦图案　李永生／摄

观音阁：《永顺县志》载："观音阁在司治南三里，以祀音大士，其山名石佛大士，像系铜铸，土司彭翼南建。"遗址位于祖师殿对岸的小山包。

若云书院：若云书院为湘西地区最早书院之一。遗址位于城内南山脊东端一山包上，今地名书院坪，其与文昌阁南北相望，间距约百米。

吴着祠遗址：吴着祠遗址俗称"吴着坪"，又称"吴着厅"。位于城址东北凤凰山鞍部台地，现残存有建筑墙体，为彭氏土司修建。

城隍庙遗址：城隍庙遗址位于若云书院北侧约百米的山包上，庙址已毁。相传改土归流后，将此城隍庙迁往永顺县城。

五显祠遗址：五显祠遗址又称五谷庙，祭五谷神，20世纪50年代被拆毁。

德政碑：德政碑有大小两座，小德政碑位于紫金街西侧，碑面因风化侵蚀剥裂严重，碑文内容漫漶不清。大德政碑原立于首领生活区南侧，为安全妥善保管，现移至土王祠内。该碑由7块青砂石组合而成，莲花石座，碑身两侧立有石柱，仿重檐歇山式屋面盖顶。碑通高2.74米，宽1.2米，腹背刻字，系康熙五十二年（1713）

二月，永顺土官为宣慰使彭泓海歌功颂德而建。碑正面阴刻楷书"钦命世镇湖广永顺等处军民宣慰使司宣慰使都督府致仕恩爵主爷中涵德政碑"，两侧各有对联，上联"一片石铭恩德厚"，下联"千秋人颂山碑新"，横批"甘棠遗爱"皆阳刻篆体。碑文记述了所辖五十八旗、三百八十洞军民怀念彭泓海之德政。

紫金山墓群：紫金山墓群位于老司城土司遗址南山脊，由紫金山、雅草坪两处墓群组成。墓地背依三星山，朝向照壁山及笔架山，达望乡台群岭，前有灵溪河如玉带环绕，左右山脊托抱，无不彰显堪舆法则。据考古勘探、发掘得知，紫金山墓地以墓园形式营造，设左右神道两条，均置石像生；墓主人均为永顺土司彭氏宗室成员，依辈分由后往前排列，或安置于两侧，可窥视出其为昭穆制的延续；墓葬规制视官职大小、地位高低而定；墓葬形制皆为砖室券顶，分单室、双室或多室；视墓室结构设墓道、回廊，身份高者，墓室内仿生前居室与装修，以示对"事死如事生"的追崇。"改土归流"（清代在云南、贵州、四川、湖广等西南少数民族地区大规模废除土司，实行流官统治的一种政治措施，旨在加强中央对边疆地区的统一管理）以来，彭氏土司家族或迁江西，或徙散周边各地，墓园逐渐疏于看守，屡遭破坏。为此，永顺县曾发布有关保护土司墓葬的文札。大部分墓葬已遭盗掘，随葬品基本无存，但从收缴与个别出土器物看，多为金银器配饰和上品瓷器。

据地方史志记载，紫金山墓群的墓主多为土司及其亲眷。民国或民国以前的县志及族谱材料均未载有紫金山者，民国《永顺县志》关于墓地一节的案语为："雅草坪、八桶湖、寿德山均在老司城，故《永顺府志》《大清统一志》统称之曰永顺司彭世麒、彭明辅、彭宗舜、彭翼南、彭永年、彭元锦、彭廷机、彭廷椿、彭泓澍等夫妇墓三十冢在老司城，但《永顺府志》遗万潜、天宝、源、仲、世雄、显英等冢，而泓澍又未葬此，故宜以宗谱为定。"看来当时只有"寿德山"而无"紫金山"这一地名，而"雅草坪"作为彭氏土司聚葬的墓地，现其旧名仍在沿用。《永顺司宗谱》载"明永顺宣慰使彭世麒、彭翼南墓均在寿德山"，可能在修宗谱时已将"雅草坪""寿德山"分开，并且一直延续到民国初。现今"紫金山"的称谓或是习用于乡民的一种通俗叫法，并且很可能是民国之后才被人们所接受并沿用至今的。根据目前考古资料，地方史志及族谱关于"彭世麒……彭泓澍等夫妇墓三十冢在老司城"的记录应是准确的，具体讲就在现紫金山墓地。据调查，老司城遗址周邻共发现32

处土司时期的墓地，除紫金山墓地均为砖室券顶墓外，其他墓地砖室与竖穴土坑墓兼有。砖室墓一般居墓地的中部，墓冢明显，竖穴土坑墓一般围绕砖室墓分布，朝向一致，墓冢大多明显，有坟竹作标志，并累以块石。少量土坑墓封土不明显，无坟竹标志，但垒砌的块石尚有保留。民国《永顺县志》根据《永顺司宗谱》记载，将紫金山墓葬区所埋葬人物做了一个比较清晰的梳理：

元代：永顺安抚使彭万潜墓在雅草坪。

明代：永顺宣慰使彭天宝、彭源、彭仲、彭世雄、彭显英、彭明辅、彭永年、彭云锦等墓均在雅草坪。明永顺宣慰使彭世麒、彭翼南墓均在寿德山。

清代：永顺宣慰使彭廷机墓在雅草坪。

土家竹编工艺品 苍铭 摄

十三、民族工艺品

　　司城村受自然生态环境制约，"三分坪，七分山"，当地人世代与高山相伴，车辆、舟楫通达有限，交通十分不便。因此这一地区的民众形成了独特的原生态搬运方式，他们凭借"人"本身的能力，如挑、提、背等来完成采集、运输、交换生产生活资料的作业。而这些运输方式的物化载体又主要体现在民众使用的工具上，如背篓、扁担、扎笼等竹编工具。

　　土家族竹编技艺历史久远，是传统手工艺的典型代表，它主要流布在永顺县灵溪、芙蓉、万坪等乡镇。司城村地处偏僻，人们出门皆挑箩筐、负背笼，大部分男人精通竹编手艺，其所编织的竹制品品种繁多，非常实用。清朝乾隆时期的《永顺

纳鞋垫　永顺摄影家协会

土家族竹编　戌端生／摄

府志》曾有描述:"二三月间,妇女结队,负背笼······"同治年间的《永顺县志》也有记载:"出则背负篓,援山拾薪······"这里记载的背笼、篓都是竹编品。通过加工,竹子成为各种式样的用具,主要的编织品有箩筐、簸箕、米筛、床、椅、筲、凉席等。永顺的竹编技艺,自古以来都是篾匠一代代口传身授,他们在实践中逐渐掌握编织技巧,经过无数代艺人的传承和发展,其竹编工艺形成了自己的独特风格。

竹编工具主要有小锯子、篾刀、刮刀、匀刀、夹子、锥子和竹尺。竹编的工艺流程是先选材,根据不同的竹器选用不同的竹子,然后采伐竹子,采伐后,把竹节削平,用篾刀剖开,再剖成细篾。剖篾是篾匠的基本功,篾条剖好,然后刮去表层,刮得大小均匀。古时候染色都采用植物的果汁,先把果子捣碎,取果汁,浸染,然后阴干。之后即可进行编织,可以编织多种图案,变成一件精致的工艺品。

在土家族的发展史中,民俗民情的变化,也可在竹编技艺的形成中找到蓝本,竹编技艺也是随着人类文明的进步而不断发展的。

草鞋对于山地民族而言,是最重要的劳作用品之一。穿上草鞋,行走山间,趟河涉水,不用担心磨损,却也轻巧便捷,沟涧亦能如履平川。草鞋文化承载了当地人穿山越岭、溪河渔猎的鲜活生产生活史,在民众的集体记忆中留下了无法磨灭的痕迹。

土家族织锦技艺主要流布于湘西永顺、龙山、保靖、古丈等地。永顺老司城作为织锦的主要流布地,清朝诗人彭勇为有精彩描述:"老司城畔柳丝斜,闺女抛梭扇子花。花样织成皆并蒂,不知执赠与谁家。"

西兰卡普使用古老的纯木质腰式斜织机织造,其技艺流程主要由纺捻线、染色、倒线、牵线、装筘、滚线、捡综、翻篙、捡花、捆杆上机、织布、挑织12道工序组成,另以"反织法"挑织成图案花纹。

土家族织锦技艺历史悠久,自成形以来已有一千五百多年的历史,体现了中国少数民族织锦技艺体系的基本特征。土家锦的400多种传统图案花纹是其民族文化心理和不同时代文化积淀的独特表现方式,充分展示了土家人的创造力,对中华民族多元文化的形成与发展有积极的见证意义。

湘西西水流域是土家织锦技艺的原生地和最后一块热土,也是全国土家族中至今仍保留民间织造风尚的唯一区域。司城村的土司织锦坊承袭了土司时期的织锦技艺,其作品深受游客青睐。

碾　袁立新／摄

土家族滴水牙床　永顺老司城遗址管理处提供

　　这些技艺是人民长期智慧的结晶，其独特工艺自成一家，难以用现代机器代替。这种难以用现代机器取代的独特工艺，在司城村还有一项——原生态榨油。司城村有一个榨油坊，里面陈列着原生态榨油的工具：赶碾的石磨、包茶饼的铁筐、榨油的灶台等。所谓原生态榨油，就是采摘最新鲜的茶籽，沿用传统榨油工序生产出天然无公害茶籽油。其传统工艺共分为八个步骤：炕茶籽（将山上采摘的新鲜茶籽放在一个个竹编簸箕里炕干，去除杂质），赶碾（驾着牛车将炕好的茶籽在榨油的石磨下碾成粉末状），蒸茶籽（将碾压好成粉末状的茶籽上锅大火蒸软），包饼（将蒸好的茶籽粉倒入铁环编的踩枯工具里，用稻草将其包成饼状），踩饼（用人力将包饼好的茶籽踩实），上榨（将处理好的茶籽饼整齐堆放在榨槽上），上尖（用悬挂的撞杆撞击下层的进尖），榨油（利用人力不停撞击两层进尖，包饼的菜籽在挤压下，就顺着从榨槽的小孔流出了）。这种原生态榨油方法在土家族地区仍有部分存留，它取法自然，材料原生态，是来司城旅游值得购买的纪念品之一。

司城小吃店　苍铭／摄

十四、吃住司城村

　　"民以食为天。"当地人饮食，取材自然，融川菜之麻辣、湘菜之酱香、粤菜之清淡、浙菜之鲜甜，形成了酸、辣、咸、熏、炸的特色，富有强烈的地方味道，散发着诱人的香气。

　　土家族居于深山之中，土地贫瘠，地多田少，再加之生产技术落后，人民生活自古以来就处于艰难贫困之中。乾隆《辰州府志》载："高坡侧壤，广植荞麦、苞谷诸杂粮，虽悬崖之间亦种之，冬则伐山、渔猎。岁稍歉，则入山采蕨、掘葛根粉以冲食。"光绪《龙山县志》亦载："山谷居民，日食杂粮、甘薯、芋头，岁荒并采蕨、葛济食，取不饥而已。"从乾隆至光绪百余年间，土家族生活方式没有任何改变，主食以苞谷、小麦、燕麦、荞麦、红薯、马铃薯为主，河谷之处也出产稻谷。辅食为蕨、葛、野菜或渔猎收获。菜蔬类品种较多，青菜、白菜、韭菜、萝卜、茄子、辣椒、南瓜、冬瓜、丝瓜、豇豆、四季豆、禾眉豆等最为常见。直到今天，这些蔬果仍是司城村村民餐桌上的常客。

　　司城村做餐饮的有十余家，集中在进村入口处、码头和摆手堂周围三处地方。特色菜肴主要是土家菜，比如土家腊肉、"三下锅"、"泥鳅钻豆腐"、腌酸菜、酸辣子等。当然，在大型节庆或接待贵宾活动中，司城村是少不了土家族牛头宴的。

　　牛头宴原本是送迎将士的出征和凯旋的犒赏，现在逐渐演变成了司城村土家族接待贵宾的盛大礼仪宴会。相传，唐代末年，江西彭氏土司征服了五溪地区以后，建都城于永顺县会溪坪。第十一代土司彭福石宠于1135年移都城于老司城。为了鼓舞士气，增强军民信心和斗志，在一次军队作战凯旋时，彭福石宠特命令城中军民杀黄牛犒劳将士。宴席上，土司命人支起100口大锅，熬牛头以鼓舞士气，希望以后每次作战都能够牛气冲天，大败敌人。土家士兵吃了这"牛头宴"后，果然士气大增，以后每逢作战都能够奇迹般地获得胜利。在史料中，也能寻

火坑　永顺摄影家协会

土司宴　永顺老司城遗址管理处提供

找到关于"牛头宴"的记载，民国《永顺县志》卷24记载："宣慰签天祭以白牛，牛首置几上，银付之。下令曰：有敢死冲锋者，收此银，吃此牛首。勇者报名，汇而收之，更盟誓而食之。"牛头宴的主菜——牛头的具体做法是，将整只牛头蒸熟后连大铁锅一起端上席，配以泡红辣椒、酸肉、蒿子粑、腊肉，客人们用刀子切割牛头上的牛肉食用，大快朵颐，喝竹筒米酒，体验土司时期土兵出征前满怀豪情准备英勇杀敌的感觉。牛头上每个部位的肉质对于火候的要求都不同，比如在受热相同的情况下，牛脸和牛眼的熟嫩程度就不一样。需要加入数十种辅料，才会使牛头上的每一块肉都那么鲜嫩湿润，令人唇齿留香。熟牛头一般重三四十斤，能出肉十多斤，光牛舌就有三四斤肉，上品牛头讲究骨酥肉烂、嫩爽入味、肉香四溢，用刀叉刺肉块，蘸几样小料（椒盐、辣椒、蒜末等）食用，配以棒渣粥、烧饼或时令小菜。

"泥鳅钻豆腐"：这道菜深受老司城人的喜爱，其做法也很简单，先用生姜、蒜粒等配料在铁锅中熬制成汤，待汤冷却后将活泥鳅和新鲜的整块豆腐放入锅内，再用温火煮沸，泥鳅因受不了水温升高而钻入豆腐内，煮熟后拌入少量酸辣椒即可食用。

土家腊肉是每年杀完年猪之后，将猪肉用调味品腌制过后，在火坑上烟熏而成。具体制作方法是将一年生本地的黑山猪，宰杀后刮毛洗净，倒吊起来后开膛剖肚取出内脏。此时注意的是开膛后的猪肉不应再沾上水。然后将猪肉分边，放在案板上切成条。与此同时，将盐、花椒粉、八角粉等作料放入锅中混合炒香，乘鲜肉还冒热气时抹在肉上，分层放入缸内盖上木板，压上石块腌制，这样可让肉内水分渗出，使盐和香料均匀浸入肉里。腌制的肉约十天后取出，利用缸内留下的从肉里渗出的水，还可腌上数坛豆腐，味道鲜美无比。取出的肉挂在火塘上方或灶头前的坑架上，每天用松叶、香叶、橘皮等烟熏，让适度热量的烟火慢慢熏烤，至肉干色泽金黄即成为腊肉。腊肉挂在架上至少放置一年不会变质。土家腊肉可直接蒸熟，也可炒吃，色香味俱全，是土家人待客的佳肴。

土家特色名菜"三下锅"来源于一个历史典故：传说明嘉靖年间，土家族士兵要上前线抗倭，恰逢年关，为不误军机，彭氏第二十五任土司彭翼南下令所有土兵提前过年，很多土兵和家人来不及做土家族过年做的"十大碗"了，只好将家中现有的食材（腊肉、萝卜、豆腐等）一锅煮，叫"合菜"，后来逐渐演变成了"三下锅"的美食。

腌酸菜是土家人将新鲜蔬菜经过一定方法发酵腌制而成的特色食品，十分下饭。土家族人喜食酸辣，民间谚语说"一天不吃酸和辣，饭菜如嚼木渣渣。三天不吃酸和辣，行路脚软眼睛花"。土家族能制作出多种多样的酸辣菜。几乎所有蔬菜类品种以及鱼、肉都能制作成酸味的。酸菜可分为水、干两类，水酸菜以酸汤为主，盛于缸、坛、桶等容器之中，制作时须将蔬菜分类放入不同的容器之中，忌混放，以免串味。菜类可切成段、片、丝，一般一天后即可食用。如整株整块放入，则可放置一星期或更长时间。干酸菜大多数应切为丝或者剁成碎粒，放入坛子之中，然后用苞谷棒外壳叶、桐树叶、芭蕉叶等盖严，再用竹条将覆盖物圈紧，之后将坛子倒过来，坛口置于水盆中，断绝空气，坛内菜经一段时间后自然发酵变酸，一般月余可以食用。

在喜食酸辣的习惯之下，将两者结合便有了又一道美味——酸辣子。酸辣子分两类：一类是用辣椒直接加工成酸菜，将辣椒切碎，整个入坛腌酸即可。另一类则须在辣椒中加入粮食，依据加入粮食的不同而称为"苞谷酸""糯米酸""大米酸"等。制作方式一样，先将粮食打成粉，拌入切碎的辣椒，再用菜刀充分剁碎搅拌，使辣椒与粮食粉混合一体，最后放入坛中，隔绝空气发酸。"糯米酸"还有另一种做法，将大缸辣椒剖开去籽，塞入用水拌成团的糯米粉后合拢，再入坛腌酸。酸辣子是土家族家家必备菜类，每家每年必做几大坛。可干炒，可煮汤，还可加入其他菜类中提味，如作为扣肉底料，又如在炒白菜、萝卜、豆腐、地耳、野葱等菜时，加入一点酸辣子汤同煮，味道绝佳。

今天旅游展演活动中还有土司宴。桌子拼成长长的一条，形成长桌宴，桌上摆满土家菜肴。《永顺县志》卷4《风土志》记载："兵战、出行、远归，皆有祀事……其有延诸蛮长，亟外客与宴者……其有追祀远亡宗祖，必会聚亲族……家家享祀，宰豕，作米粢，设宴款宾。"

司城村村民基本上是一日三餐，但亦因日时长短和农事闲忙而异。日长三餐，日短两餐；农忙三餐，农闲二餐；忙时吃硬，闲时吃稀。少有夜餐的习惯。土家族人喜食粑粑。粑粑有糯米粑粑和杂粮粑粑两种。前者用作拜年礼品和款待来客的

炒米　曹聪子／摄

食品，后者则为上山干活的中餐。司城村还有不少特色小吃，主要有团馓、炒米、甜酒、糍粑、米豆腐等。

团馓是将地道的土家糯米蒸熟，倒入一种特制的木板作底，将熟糯米倒入围篾做成圆圈的模子内压平，并用一种农家栽种的紫果水或食色素在上面画"喜"字等吉祥图案。等冷却后取出来，晒干、储藏，逢年过节时送亲友或是招待贵客。吃时用食用油炸酥，膨胀后比原来大2～3倍，味道香脆可口。团馓经过红、绿颜色的装扮后，还可以装入抬盒，在认亲、娶亲时作为伴手礼。

炒米的做法同样是先将土家糯米蒸熟，然后将饭粒散开在太阳下晒干成"阴米子"，将比米粒略小的河沙拌少量桐油炒热后倒入"阴米子"，膨胀后就成了炒米。炒米可以直接食用，或加少量红糖并倒入适量开水食用等。

糍粑是用熟糯米饭放到石槽里用木槌捣成泥状制作而成，用方桌或木板压制成扁圆形，待冷却后重叠收藏。食用时将其烘烤、油炸、水煮均可。现在来老司城的游客中很多人都会切身体验"打糍粑"。

冰粉 荣家林 / 摄

米豆腐是土家地区的特色美食，电影《芙蓉镇》里的豆腐西施所售卖的就是该样小吃。先将大米洗净，浸泡4小时以上，然后按照1：2的比例打成米浆，再加入一定比例的熟石灰水，小火上锅煮，沿一个方向不停搅拌，至浓稠状为止，再倒入模具冷却即可。吃的时候加入一点糟辣椒、酱油、酸豇豆等，即成为一碗清爽下饭的小吃。或用高汤熬煮，出锅撒入葱花，也是一道爽口的浓汤。

醪糟 荣家林 / 摄

土家米酒即醪糟，是用糯米加工而成的一种美食。做法上，先将糯米浸泡一两天，沥干后用纱布包上上锅蒸，煮熟后的糯米倒入容器里放至温凉，并用手捏散，撒入酒曲并搅拌均匀，最后将其倒入容器并放置纸箱里。若温度较低，就用被子裹住再放入纸箱静待发酵，48小时后即可食用。夏天吃的时候可冷藏至冰箱，即成为消暑圣品。冰粉是一道消夏饮品，将冰粉以一定比例放入开水中，搅拌均匀后冷藏，吃时加上红糖水，撒上一些坚果碎与白芝麻，味道更佳。

土家油枞菌也是一道下饭的美食。其制作方法如下：重阳节前后，从高山枞树林地上采摘纯天然的食用枞菌（枞菌有黄枞菌和乌枞菌两种，以乌枞菌为最佳，被誉为"菌中之王"）。除掉枞菌身上的杂物和根上的泥土等渣滓，用清水轻轻洗干净；滤干水分；用茶油或菜油炸熟透；放进盛有熟茶油或熟菜油的坛（罐）内储藏即为成品。需要吃时，取出适当数量枞菌，放到锅里，并配上食盐、辣椒、大蒜头、生姜等佐料即可食用，浓香滑润，格外爽口，是土家族美食的名片之一。

当然，来老司城除了品尝上述美食外，有机会还得尝尝坊间所说的老司城"三宝"：鸭蛋、小鱼、南瓜。老司城的鸭蛋独特之处莫过于它的蛋黄是红色的，其原因主要是这里的鸭子成天在河里吃鱼虾，没有饲料喂养，是纯天然的。鸭蛋成了来这里的人餐桌上必备的一道菜。现在游客想要购买老司城的鸭蛋需要提前预订，而且不提前半个月预订是带不走鸭蛋的，因为永顺老司城遗址管理处为了保护生态环境控制了养殖规模，鸭子数量有限，自然鸭蛋产量也就有限了。永顺没有工业，司城村的河水自然清澈见底，很多当地人口渴了就俯身河面直接饮用，足见司城村的生态环境是何等优良；这里的小鱼属于美味也就不是什么新鲜事了，就连本地县城人也是每逢周末还专门来老司城吃鱼，小鱼成为坊间的"三宝"之一也就不足为奇了。至于南瓜，因为司城村人采用传统栽种模式，人畜粪作肥料，加上地处富硒地带，南瓜的营养价值与口感自然与众不同；很多游客自己到田间现场采摘，再交给当地农家乐加工，真正是看在眼里，吃在口里，美在心里。

司城村目前民宿客栈数量不多，接待能力有限。文昌阁区域有两家经营客栈民宿，农家小魏为新装修的，有4间房，7张床位；还有一家正在修建中，规划有18间房，38张床位。摆手堂区域有三家经营客栈民宿，具体接待能力如下：司城客栈有5间房，9张床位；土家柴火饭有4间房，6张床位；摆手堂农家乐有4间房，

打年粑　卢瑞生／摄

做糍粑　曹聪子／摄

小憩　苍铭／摄

7张床位。周家湾区域有一户经营客栈，能提供4间房，7张床位。村部楼的土司农家有9间房，17个床位。

农家 苍铭 / 摄

灵溪河上的游船　苍铭／摄

十五、村寨景观风貌保护

村寨景观是人类长期为适应自然环境而创造的，是村寨中最直观的文化景观。司城村的村寨景观突出表现为转角屋和吊脚楼，集中反映了土家族的生存状态、审美情趣和文化特色，是重要的文化旅游资源。保护好这些特色的民居建筑是保护中华民族优秀传统文化的重要举措之一。为了维系司城村的传统景观，地方政府采用立法保护和分类维护、奖惩结合的方式，实现了对村寨景观的保护。

1.以立法促进保护

面对村民建房、改善住房等需求，司城村制定了《村寨建筑维修条例》，旨在保护和延续传统的村庄聚落空间与格局，对村寨内部的建筑进行保护维修。该条例规定，司城村的核心景区不允许新建建筑物，新增建房用地规划在缓冲区的搏射坪等处。居民翻修、维护民居要在保护规划下进行。建筑形式以青瓦坡屋顶为主，体量宜小不宜大，色彩以黑、白、灰、原木色为主色调，最大建筑高度为二层。同时保护村寨的自然生态，禁止砍伐林木，并对灵溪河设立了休渔期。村寨的自然生态和传统建筑浑然一体，青山绿水、吊脚木楼、传统村寨景观得以完整保护。

2.村寨内部建筑分类维护

地方政府整合有关部门资金共800万元，根据民居建筑的不同类型，采取保护、改建、整体搬迁等不同方式进行维护，并对地处土司遗址核心区的十余栋民房进行整体搬迁安置，按照"整体搬迁、原样保护、彰显特色"的原则，依据古民居特色进行民居修缮，建设过程中重点保护和抢修明清时期古民居，突出原生态，彰显民族特色，保持了司城村的建筑风格以及与自然环境相协调的乡村风貌，搬迁改造后的民居错落有致，民族特色鲜明。

司城村在保持建筑风貌的同时，重视改善村民人居环境。为了村落建筑景观与自然景观的一致性，在方便村民生活的前提下，统一对村寨内部的给排水、厕所、

土家族拦门酒　永顺老司城遗址管理处提供

赶马人　苍铭／摄

司城船工　赵志鹏／摄

电力、燃气、网络等设施进行治理，管道入网。建立环卫制度，每天三次清扫，早、中、晚各一次，全天巡回保洁，保持街道和公共区域干净卫生。对旅游景点垃圾大户适当收取垃圾处理费用，对居民与游客破坏环卫的举动予以经济处罚。

司城村的"十三五"规划中提出筹措资金，设立保护专项资金，用于村寨内文物建筑和重要历史建筑的修缮整治，改善村寨内的生活设施，并对村寨保护工作有突出贡献的单位和个人进行奖励。针对重要的历史建筑和古旧民居，设立专门的低利率贷款，贷款给整治维修房屋的户主，用于房屋的整治与维修。尽量考虑保留世居民众，对私房居民，鼓励自己维修，政府进行补贴。

村寨景观维护需要每一个村民的切实参与，在日常生活中贯彻落实，地方政府利用村规民约引导村民自觉维护人居环境。

选稻种　苍铭／摄

表四：灵溪镇司城村村规民约

村民要养成良好的卫生习惯，搞好室内及房前屋后、平坝街檐的环境卫生。落实门前三包（包卫生、包秩序、包美化）责任制，杜绝乱扔、乱倒、乱放现象，将垃圾及时分类放入垃圾箱。	维护村寨公共卫生
严禁在公共场合乱贴乱画，保持村容村貌整洁美观。	
村民要爱护道路，不得将杂草杂物扔在道路上，不在道路两侧堆草垛、倒垃圾、堆建筑材料等。	
村民应自觉保护自然环境，禁止乱搭乱建、开荒采石、乱砍滥伐、筑窑烧炭、乱挖乱采，严禁非法猎捕野生动物。	保护村寨自然生态
爱护河流，严禁向河内倾倒垃圾和其他污染河流的行为。	
维护生态平衡，河内严禁毒鱼、炸鱼、电鱼、网鱼、卡鱼；休渔期间严禁任何人用任何工具、手段和方式捕捞鱼虾等水生动物，休渔期为每年4月1日零时至9月1日零时。	

司河晨韵　李永生 /摄

十六、传统生计方式转型

　　历史上，司城村是典型的农业社区，山高林密，交通不便。村民以农耕为主要生计方式，种植一些玉米、土豆、红薯等山地作物，也有部分水稻种植，但山多田少，人均耕地面积不大。由于光照不足，水分不够，土地产出不丰，粮食产量并不高。闲时，人们就采集山菜、捕鱼捉虾等作为辅助，生活并不富裕。过去的司城村是一个远近皆知的贫困村，20世纪90年代以来，村寨内部的青壮年男女陆续开始外出打工，谋求生计。

　　近几年来，司城村借助少数民族特色村寨和世界文化遗产这两张名片，把经济发展与特色民居保护、民族文化传承、生态环境保护有机结合起来，培育壮大特色村寨乡村旅游。地方政府强调，司城村要坚持"特色村寨发展工作与经济建设、旅游开发和扶贫攻坚工作有机结合"的原则，以村寨旅游为特色，力争带动其他产业大发展。制定出台了一系列推动村寨发展的政策措施，大力推动了特色村寨的建设与发展，司城村的面貌大大改观。2014年，司城村被国家民委作为首批"中国少数民族特色村寨"予以命名挂牌，2015年土司遗址申遗成功以后，前来司城村观光旅游的人数逐年增加。2016年5月1日，老司城国家考古遗址公园开园营业。根据老司城遗产管理处统计数据，2016年开园后半年多时间，共接待游客18.5万人次，门票收入达196万元；2017年全年，接待游客89.8万人次，实现门票收入884万元。2018年春节黄金周期间接待游客人数0.8万人次，实现营业收入33万元，同比增长25%。现在的司城村，旺季每天有近万人进入村寨观光，淡季每天也有数百人前来。司城村

喻家堡　苍铭／摄

司城村的运输工具　苍铭 / 摄

司河休闲　金谦华 / 摄

司河售票处
TICKET OFFICE 매표소

游船码头 苍铭 / 摄

司城村左街航拍图　永顺老司城遗址管理处提供

跳摆手舞　苍铭／摄

的旅游发展顺利，老司城也成为湘西旅游最受欢迎的景点之一。游客们这样评价老司城："老司城山清水秀，难怪土司王在这里居住近600年，不想搬走咯"；"厚重的土家族文化，穿越千年不如来看一眼"；"老司城遗址令人震撼，值得来！"

司城村旅游人数的大幅度上升，带动旅游收入增加，村民的日子越来越红火了。据司城村村委会提供的资料显示，2013年村民人均纯收入约2380元；2016年约3000元，村民增收趋势明显，减贫脱贫人口达70%，其中非贫困户的收入增加更加突出。富裕人家的

祖师殿飞檐的脊兽　王莉／摄

土家柴火

司城夜景·赵志鹏·摄

风雨桥　苍铭／摄

灵溪镇司城村
村民村规民约

为切实改善司城村的环境卫生面貌，发挥全村村民参与的积极性，创造和谐、舒适的环境，建立文明、卫生、和谐的司城村，特制定本公约。

一、全村村民必须严格遵守国家有关法律法规规定，提高法律意识、卫生意识、文明意识、环保意识，形成"清洁家园人人有责，清洁家园从我做起"的良好社会氛围，自觉遵守社会公德。

二、村民要养成良好的卫生习惯，搞好室内及房前屋后、平坝街檐的环境卫生，落实门前三包（包卫生、包秩序、包美化）责任制，杜绝乱扔、乱倒、乱放等现象，将垃圾及时分类放入垃圾箱。

三、严禁在公共场合乱贴乱画，保持村容村貌整洁美观。

四、村民要爱护道路，不得将杂草杂物扔到道路上，不在道路两侧堆草垛、倒垃圾、堆建筑材料等。

五、在生产活动中一律禁止使用剧毒高残留农药，生产过程中废弃的农药袋子、农膜应收集处理，不得留在田地里，防止白色垃圾污染。

六、村民家禽家畜要集中圈养，病死家禽家畜要深埋处理。

七、村民举办红白喜事产生的垃圾应自行清扫并处理。

八、村民应自觉保护自然环境，禁止乱搭乱建、开荒采石、乱砍乱伐、筑窑烧炭、乱挖乱采，严禁非法猎捕野生动物。

九、爱护河流，严禁向河内倾倒垃圾及其他污染河流的行为。

十、防止水体污染，灵溪河道内严禁从事渔业养殖和在水域范围内进行商业开发及私营营业。

十一、维护水域生态平衡、河内严禁毒鱼、炸鱼、电鱼、网鱼、卡笼；休渔期间严禁任何人用任何工具、手段和方式捕捞鱼虾等水生动物，休渔期为每年4月1日零时至9月1日零时。

十二、提倡文明丧葬新风，公路两侧可视范围内严禁葬坟，遗产区和博射坪葬坟应在划定的公墓安葬区范围内，严禁随意乱葬。

十三、违反上述村民公约规定的轻者给予批评教育，造成后果的，因此产生的费用由违约者承担，若情节严重，触犯法律，将移交司法机关依法处理。

十四、本章程经村民代表大会或村民大会通过后实施。

永顺县灵溪镇司城村民委员会
2014 年 6 月 18 日

村规民约
苍铭 / 摄

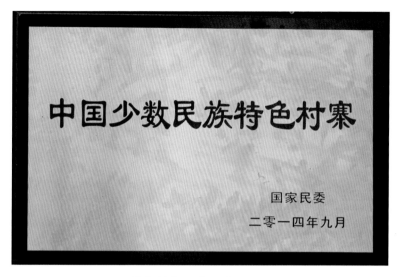

特色村寨名牌　苍铭／摄

年收入已经10万元往上，而且人数不少。司城村旅游业的兴起不仅增加了村民收入，也推动了第三产业的发展，目前已经发展出农家乐、住宿、游船、民族工艺品出售、民族文化展示等多项旅游服务，村民实现了生计方式的转型。据统计，60%以上的村民通过各种形式参与到旅游活动中，有近50人从事民族餐饮业，近40人经营民居客栈，30多人从事一般零售业，还有数十人参与民族节目表演。虽然仍有一部分村民种植农作物，有数十户人家从事养殖业，但并不是传统的自给自足，而是开展生态农业，以绿色环保、生态无污染为卖点，将种植的蔬菜、水果，养殖的鸡、鸭等作为司城村的旅游特色产品进行买卖。"老司城鸭蛋"就是深受游客喜爱的旅游产品。

随着司城村少数民族特色村寨旅游的发展，一部分村民实现由农耕到手工艺匠人的转变。一些濒临失传的民族手工艺得到延续，如西兰卡普纺织技艺、竹编技艺、传统榨油工艺、打溜子等民间艺术等。比如竹编技艺曾一度无人传承，背篓、草鞋、簸箕等逐步退

灵溪河 苍铭／摄

出市场，现在随着司城村旅游的发展，这些竹编制品得到了游客的青睐，部分村民看到了这一商机，便开始学习竹编技艺。此举既传承了民族手工艺，又实现了村民增收，可谓一举两得。

司城村旅游业的发展，逐渐吸引外出打工的青壮年返乡就业。从事保安工作的周大哥，之前在浙江、广东等地打工，2015年司城村成立保安队，他就回来当保安至今。司城村的农家乐很多都是由返乡就业的青年所创建或者经营，比如喻老板，之前在张家界、长沙等地打工，2014年回家帮助父母经营餐饮住宿，将自家住房改建成酒店的标准间，是最受欢迎的农家乐接待户之一。问及这些青年返乡就业的原因时，大家的观点主要集中在两方面：一是司城村现在名气大，有发展潜力，不愿失去这个发展机会；二是在家可以照顾老人、孩子，一家人团圆，生活方便，不用在外漂泊。

2015年司城村成立了老司城遗产管理处，为正处级单位，下辖武陵土司历史与文化研究院、老司城旅游发展有限公司、老司城演艺公司等多个机构。这些单位面向社会公开招聘，优先录用本村寨内部符合条件的人。据老司城遗产管理处主任介绍，以司城村民小组为例，截至2018年8月，遗址管理处聘用90多名村民担任船工，20余名村民担任保安，10余名村民承担保洁工作，此外还聘有售票员、表演人员、导游等30人，共计为150名村民实现了就业。

绷绷妥 李永生/摄

十七、村寨文化的振兴

司城村以土家文化和土司文化为旅游特色，随着旅游的发展，村寨的公共文化场所得到修缮，一些传统文化开始恢复发展。司城村一些具有民族和地方特色的标志性公共建筑在历史上曾被破坏。旅游业的发展推动了非物质文化遗产的保护，摆手舞、西兰卡普等先后进入国家级非物质文化遗产名录，司城村旅游规划中也将土家非遗展示作为一项重要的旅游资源进行开发，于2014年斥资近200万元修缮了摆手堂、土家榨油坊、风雨桥等，为村寨居民提供充足的公共文化活动空间。同时建立了文化展示室，通过文化室静态展示传统生产工具、生活用具、民族服饰、乐器、手工艺品，保存民族记忆。比如司城村建了西兰卡普展示室、土家榨油坊等表现土家织锦和原生态榨油的民族工艺与技术，并开发相关旅游产品提供给游客。

为使游客领略司城村独特的民俗文化，地方政府鼓励、引导村民活态展示民风、民俗。不仅统一组织培训村民跳摆手舞，还遴选一部分村民加入演艺公司文艺队，在摆手堂进行民族舞蹈表演；组织村寨中部分妇女学习传统纺织技艺，编织西兰卡普。同时，积极搭建群众性文化活动平台，鼓励村民开展对歌、跳民族舞蹈、举办节日庆典活动等文化活动，丰富群众业余文化生活，增强乡村旅游的文化特色和吸引力。地方政府十分重视对各类非遗传承人的挖掘和培养，对于村内的非遗传承人给予优惠政策，让他们发挥特长，参与旅游开发。

旅游发展推动了司城村土家文化的振兴，旅游与文化的发展给

篝火欢歌　曹聪子 / 摄

接亲　永顺摄影家协会

水上游　苍铭/摄

ICOMOS 专家考察老司城　永顺老司城遗址管理处提供

传承摆手舞　永顺摄影家协会

司城村带来一系列的荣誉。2010年司城村进入首批国家考古遗址公园立项名单，2013年被授予中国历史文化名村，2014年被国家民委作为首批"中国少数民族特色村寨"予以命名挂牌，2015年被联合国教科文组织评为世界文化遗产，2016年被评为全国生态文化村、全国AAAA级旅游景区、全国民族团结进步教育基地，2017年被评为湖南省爱国主义教育基地。

志愿者考古　向先林／摄

司河晨雾　袁立新／摄

后 记

　　本书在国家民委经济发展司的指导下完成。为完成本书的撰写，2017年暑期，中央民族大学师生苍铭、赵桅、严赛、潘瑞国、赵志鹏、许月、黎艳、王淋、呼和、李飞、杨菊丽、尤瑞、荣加林在司城村开展了专题调查，永顺县领导孔凡卫、张万超、曾尚华、张正华、王本富、梁清星、张官风、彭延杰、龚长双等同志给予了大力支持；罗奋飞、覃永进、瞿锐、彭森森、李生英等同志提供了部分资料；袁立新、李永生、卢瑞生、王静、曾情、雷秋萍、向先林、曹聪子、彭德忠等同志提供了精美照片。书稿由赵桅、罗奋飞执笔完成，在此一并致谢。

《走进中国少数民族特色村寨丛书》编委会

2018年6月

图书在版编目（CIP）数据

司城村／国家民族事务委员会经济发展司编；赵桅，罗奋飞撰文 ． —— 北京：中央民族大学出版社，2018.10

ISBN 978-7-5660-1515-0

Ⅰ.①司… Ⅱ.①国… ②赵… ③罗… Ⅲ.①土家族－村史－永顺县 Ⅳ.①K295.64

中国版本图书馆 CIP 数据核字（2018）第 143082 号

司城村

编　　者	国家民族事务委员会经济发展司
撰　　文	赵　桅　罗奋飞
责任编辑	黄修义
责任校对	赵　静
装帧设计	舒刚卫
出 版 者	中央民族大学出版社
	北京市海淀区中关村南大街 27 号　　邮编：100081
	电话：68472815（发行部）　传真：68933757（发行部）
	68932218（总编室）　　68932447（办公室）
发 行 者	全国各地新华书店
印 刷 厂	北京宏伟双华印刷有限公司
开　　本	787×1092（毫米）　1/16　印张：10.25
字　　数	200 千字
版　　次	2018 年 10 月第 1 版　2018 年 10 月第 1 次印刷
书　　号	ISBN 978-7-5660-1515-0
定　　价	70.00 元